D1736651

Computación
básica para adultos

3ª ed.

Claudio Veloso

Computación básica para adultos

3ª ed.

Claudio Veloso

Buenos Aires • Bogotá • México DF • Santiago de Chile

Veloso, Claudio Emilio
    Computación básica para adultos. - 3a. ed. - Buenos Aires : Alfaomega
Grupo Editor Argentino, 2014.
    220 p. ; 24x21 cm.

    ISBN 978-987-1609-53-6

    1. Informática. I. Título
    CDD 005.3

Edición: Damián Fernández
Corrección: Vanesa García
Diseño de interiores: Diego Linares
Armado de interiores: Diego Linares y Claudio Veloso
Diseño de tapa: Estik Roa
Revisión de armado: Vanesa García
Fotografía: Pandoré Fotografía

Novena reimpresión : Alfaomega Grupo Editor, México, enero 2015.
Internet: http://www.alfaomega.com.mx

Empresas del grupo:

Argentina: Alfaomega Grupo Editor Argentino, S.A.
Paraguay 1307 P.B. "11", Buenos Aires, Argentina, C.P. 1057
Tel.: (54-11) 4811-7183 / 0887
E-mail: ventas@alfaomegaeditor.com.ar

México: Alfaomega Grupo Editor, S.A. de C.V.
Pitágoras 1139, Col. Del Valle, México, D.F., México, C.P. 03100
Tel.: (52-55) 5089-7740 – Fax: (52-55) 5575-2420 / 2490. Sin costo: 01-800-020-4396
E-mail: atencionalcliente@alfaomega.com.mx

Colombia: Alfaomega Colombiana S.A.
Calle 62 N° 20-46, Bogotá, Colombia
Tel. (57-1)7460102 - Fax: (57-1) 2100415
E-mail: scliente@alfaomega.com.co

Chile: Alfaomega Grupo Editor, S.A.
Av. Providencia 1443, Oficina 24, Santiago de Chile, Chile
Tel.: (56-2) 235-4248 / 2947-5786 – Fax: (56-2) 235-5786
E-mail: agechile@alfaomega.cl

A mis padres y a todos los que siguen aprendiendo más allá de su edad
y nos continúan enseñando con ese humilde ejemplo.

■ Acerca del autor

Claudio Veloso

Periodista especializado en tecnología, con más de 27 años de trayectoria. Docente universitario y profesor de cursos de periodismo digital y contenidos Web. Autor de 12 libros de tecnología y comunicación. Más datos en: www.claudioveloso.com.ar

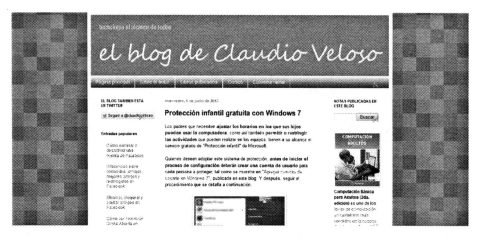

En http://blog.claudioveloso.com.ar, se podrán encontrar notas e información que ponen la tecnología al alcance de todos.

Contenido

Prólogo

A través de las siguientes páginas pretendo que muchos de los que no están totalmente familiarizados con las soluciones que ofrece la informática puedan tener un buen principio de acercamiento. Sólo es cuestión de tomar alguno de los capítulos que componen esta edición, sentarse frente a una computadora y seguir los pasos que se detallan en las figuras.

Creo que cualquiera que complete las instrucciones de esta obra puede lograr, en una hora, resultados que creía muy lejanos. Y es más, después de haber puesto en práctica los ejemplos ofrecidos, muchos sentirán que este libro les "queda chico" y necesitarán profundizar en mayores conocimientos.

Claudio Veloso

Capítulo 1

Principios
de Microsoft Windows

Seguramente, al momento de tomar este libro y sentarse frente a la computadora ya se tenga alguna experiencia sobre el funcionamiento del sistema operativo Microsoft Windows. Igualmente, y a continuación, se hará un breve repaso sobre algunos temas que serán de gran ayuda para los diferentes capítulos que componen esta obra.

En caso de querer profundizar aún más sobre este sistema operativo o sobre las versiones posteriores (que siempre guardan los mismos principios de funcionamiento), se recomienda acudir a un libro especializado.

También se sugiere no saltear, o no dejar para el final, el Capítulo 9 referido a los consejos de seguridad que deben observarse, sobre todo cuando se utiliza una conexión a Internet. Cumplir con las simples premisas que se detallan en esa sección y con las que ofrecen los desarrolladores del sistema operativo y de los software de seguridad informática, harán que la experiencia de utilizar una computadora esté protegida y sea placentera.

■ Abrir un programa

Para iniciar cualquiera de las actividades más usuales en una computadora, se tendrá que abrir el software que corresponda a la tarea que se quiera realizar. Por ejemplo, si se quiere navegar por Internet habrá que abrir el Microsoft Internet Explorer o cualquier otro navegador (Mozilla Firefox o Google Chrome, entre otros).

Las tres opciones más comunes para abrir un programa (en este ejemplo, el Microsoft Internet Explorer) son las siguientes:

Fig. 1-1. La primera opción es abrir el programa desde un acceso directo: hacer doble clic sobre el ícono del software que aparece en el escritorio del sistema operativo.

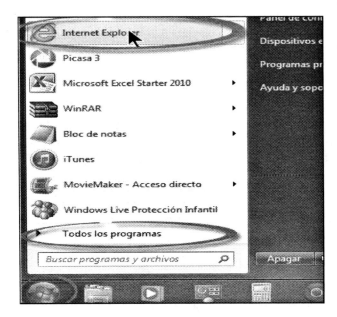

Fig. 1-2. La segunda es abrir el programa desde el menú **Inicio** de Windows: hacer clic en el botón **Inicio** y luego en el nombre del software deseado. Si el programa no se encontrara en esta lista, hacer clic en la opción **Todos los programas** y pasar a la **Fig. 1-3**.

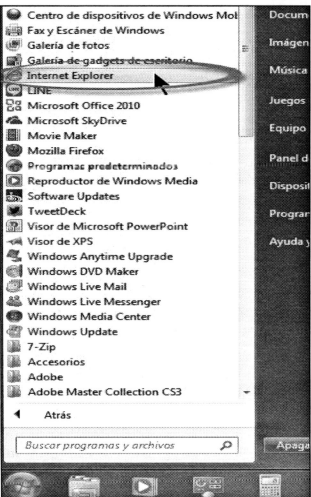

Fig. 1-3. Y después de haber hecho clic en la opción **Todos los programas** (del paso anterior), buscar el software en la nueva lista que se abre y hacer clic en el programa elegido.

■ Abrir un documento

La forma de abrir un documento es similar a la de abrir un software. Solamente, hay que ir a buscarlo a la carpeta en la que está guardado y hacer doble clic sobre él.

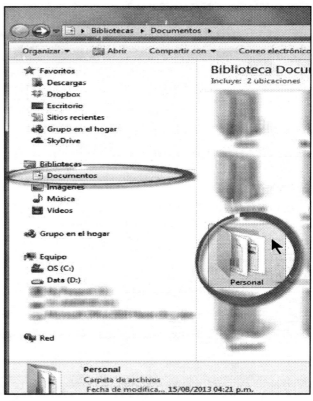

Fig. 1-4. Hacer clic en el botón **Inicio** y luego en **Documentos**, que aparece a la derecha.

Fig. 1-5. Cuando se abra esa biblioteca de documentos, hacer doble clic en la carpeta en la que sabemos que está guardado el documento buscado (en este ejemplo, en la carpeta **Personal**).

Fig. 1-6. Y una vez que se llegue al documento buscado, hacer doble clic sobre él para abrirlo.

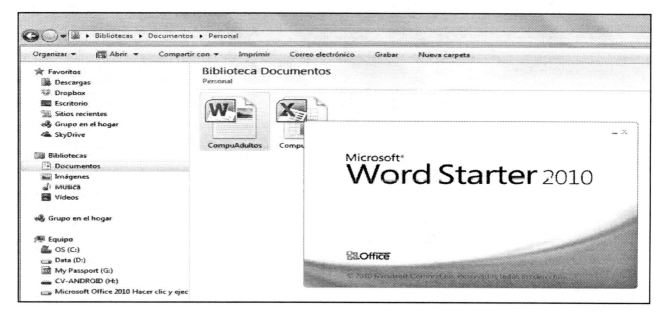

Fig. 1-7. Cuando se hace doble clic sobre el documento que se quiere abrir, comienza a cargarse el programa correspondiente, en este ejemplo, el **Microsoft Word Starter 2010**.

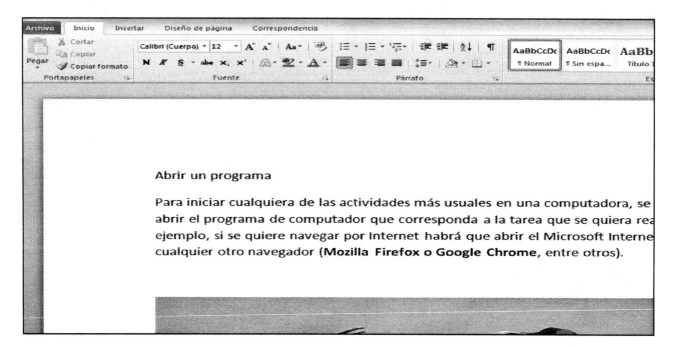

Fig. 1-8. Finalmente, el documento se abre y está listo para ser visto o realizarle nuevos cambios.

■ Guardar cambios en el documento

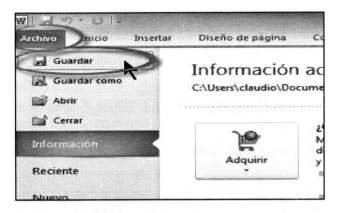

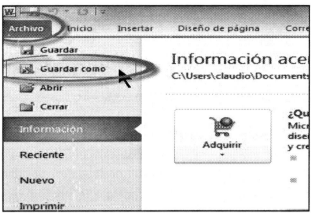

Fig. 1-9. Para guardar los nuevos cambios que recibió el documento, hay que hacer clic en el menú **Archivo** y después en la opción **Guardar**.

Fig. 1-10. Si no se quiere perder la versión original del documento y se quiere guardar una copia de la nueva (la que contiene los cambios realizados) con otro nombre, solo hay que hacer clic en el menú **Archivo** y después en la opción **Guardar como**.

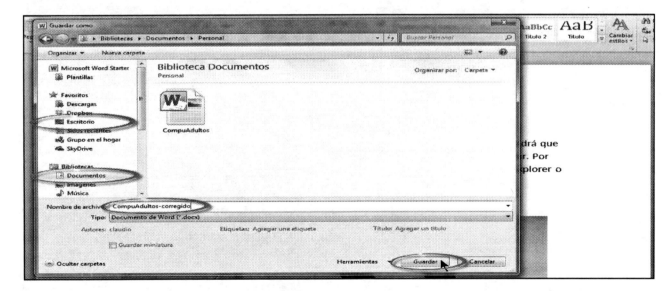

Fig. 1-11. Después de elegir la opción **Guardar como**, aparecerá una ventana como la de esta figura. Allí, y a través de las carpetas que aparecen en la columna izquierda, se elige el lugar en el que se lo quiere guardar. En este caso, se eligió la carpeta **Documentos** pero también se pudo haber seleccionado **Escritorio**. Después de esa elección, en el campo **Nombre de archivo**, se debe escribir el nombre que llevará el documento nuevo (en este ejemplo: CompuAdultos-corregido) y después hacer clic en el botón **Guardar**.

Fig. 1-12. Si en el paso anterior se eligió guardarlo en la carpeta **Documentos**, al ir a buscarlo allí se podrá ver que el documento se encuentra en ese lugar.

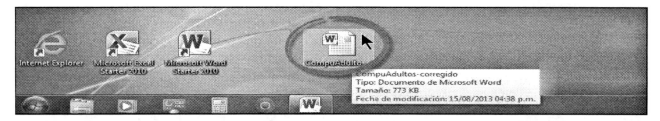

Fig. 1-13. En cambio, si en el paso de la **Fig. 1-11** se había elegido guardarlo en el Escritorio, al ir hasta él se verá que el documento aparece en este lugar.

■ Vistas de los contenidos de las carpetas

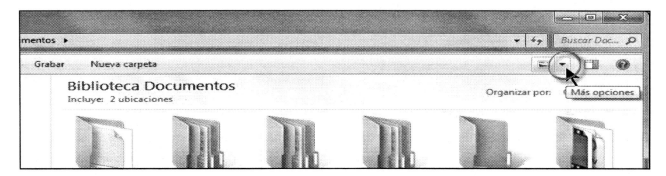

Fig. 1-14. La forma en la que se ven los contenidos de las carpetas se pueden ajustar a gusto de cada usuario. Para hacerlo, primero se debe pulsar el botón **Más opciones**, que aparece en la parte superior de cada carpeta.

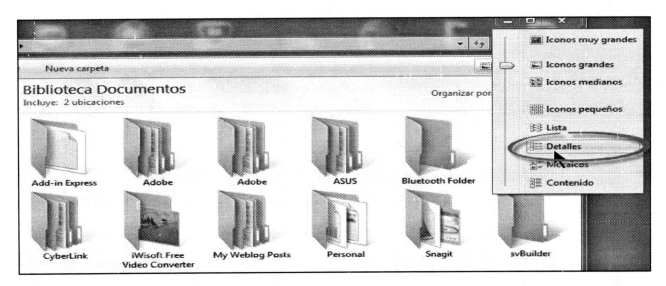

Fig. 1-15. Después del paso anterior, se abrirá un menú desplegable en el que se podrá elegir el tipo de vista. En este ejemplo, se optó por **Detalles**.

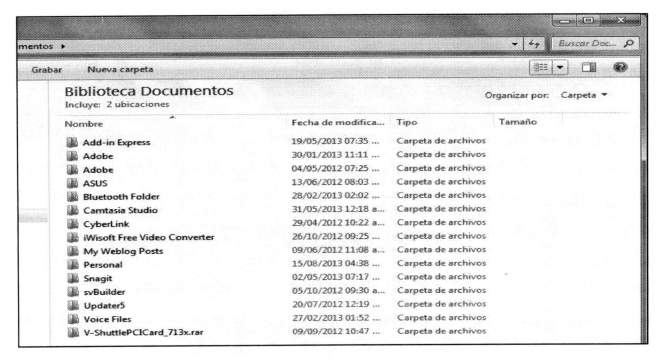

Fig. 1-16. La vista ahora cambió y no solo se puede ver el contenido sino también los detalles de cada uno de ellos.

■ Crear una carpeta nueva

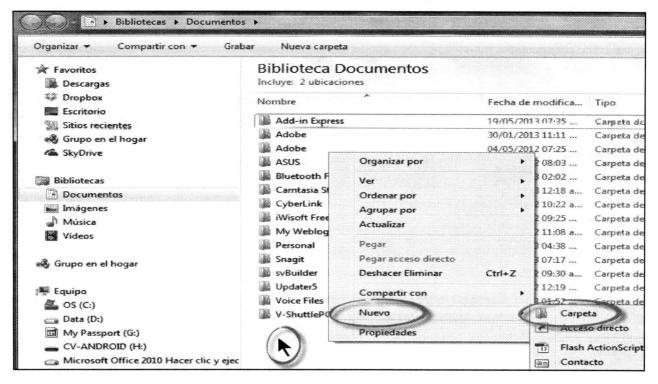

Fig. 1-17. Ir hasta la carpeta (en este ejemplo, se eligió **Documentos**) en la que se quiere crear una subcarpeta. Una vez allí, hacer clic con el botón derecho del *mouse* sobre un área en blanco y, cuando se abre el menú desplegable, seleccionar la opción **Nuevo**. Entonces, aparece otro desplegable en el que se tiene que elegir **Carpeta**.

Imágenes	CyberLink	29/04/2012 10:22
Música	iWisoft Free Video Converter	26/10/2012 09:25
Vídeos	My Weblog Posts	09/06/2012 11:08
	Nueva carpeta	15/08/2013 04:54
rupo en el hogar	Personal	15/08/2013 04:38
	Snagit	02/05/2013 07:17
	svBuilder	05/10/2012 09:30

Fig. 1-18. Cuando se crea la carpeta, el nombre de la misma (**Nueva carpeta**) aparece destacado en color azul y está disponible para que se le cambie el nombre simplemente escribiendo uno nuevo. Para esto, hay que hacer clic en el nombre.

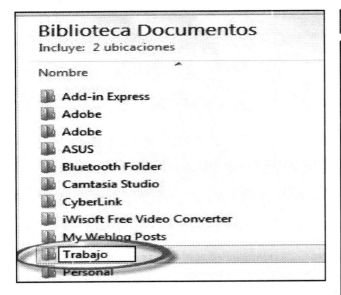

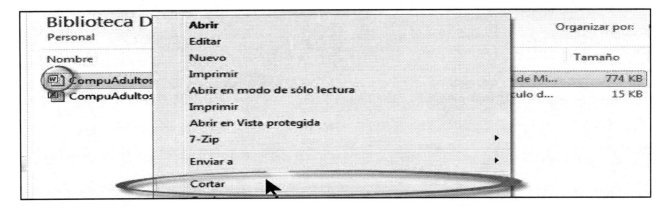

Mis documentos

Si bien los documentos se pueden guardar en cualquier lugar de la computadora, por una cuestión de orden es conveniente almacenarlos en una sola carpeta, que a su vez puede estar compuesta por otras de índole temática.

Por ejemplo, la carpeta Documentos ya trae creadas otras subcarpetas como Música, Imágenes y Videos. Y se pueden crear otras siguiendo las indicaciones de las Figuras 1-17 a 1-19.

En caso de no recordar dónde se guardó un documento o carpeta, Windows ofrece una herramienta de búsqueda de archivos y carpetas: ver Figuras 1-30 a 1-31.

Fig. 1-19. Y después de haber hecho clic en el nombre de la carpeta (que también se puede hacer sobre un documento) se procede a escribir el nombre nuevo.

■ Mover o copiar un documento a otra carpeta

Fig. 1-20. Primero, hay que ir a buscar el documento que se quiere copiar o transferir y una vez que se lo encontró hacer clic con el botón derecho del *mouse* sobre su ícono. Cuando se abra el menú desplegable, elegir la opción **Cortar**.

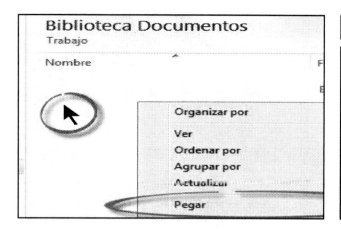

No confundir

Copiar no es igual que mover.

Porque cuando se copia un archivo siempre quedan dos: el de origen y el de destino final (ambos de iguales características).

Mientras que cuando se mueve un archivo, el de origen cambia de lugar y deja de estar en la carpeta de origen.

Fig. 1-21. Después, habrá que ir hasta el lugar (por ejemplo, carpeta o escritorio) al cual se quiere trasladar ese documento. Una vez allí, hacer clic con el botón derecho del *mouse* y, cuando aparece el menú desplegable, seleccionar la opción **Pegar**.

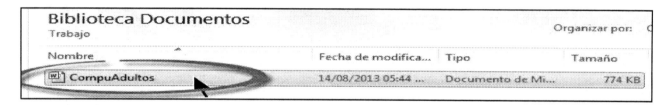

Fig. 1-22. Y a continuación el documento aparecerá ya pegado en esa carpeta.

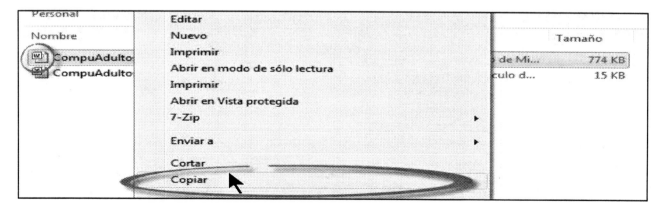

Fig. 1-23. Si se quisiera hacer una copia del documento para llevarla y pegarla en otro lugar se deberá repetir el procedimiento de la **Fig. 1-20** pero eligiendo la opción **Copiar**. Y después proceder como en la **Fig. 1-21**.

■ Manejo de ventanas

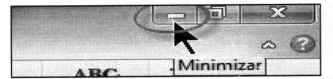

Fig. 1-24. Las ventanas de programas y de carpetas de Microsoft Windows poseen tres botones en el ángulo superior derecho. Hacer clic en **Minimizar** para ver el efecto.

Fig. 1-27. La ventana aparece reducida y se puede ver que no ocupa toda la superficie de la pantalla del monitor.

Fig. 1-25. La ventana quedo minimizada en la barra de tareas. Y al pasar el *mouse* sobre el ícono de su programa se verá una pequeña muestra de la misma. Entonces, y para que se vuelva a abrir totalmente, hay que posar el *mouse* sobre esa pequeña ventana.

Fig. 1-28. Para que se vuelva a desplegar en toda la superficie del monitor hay que volver a pulsar el mismo botón que en la **Fig. 1-26**.

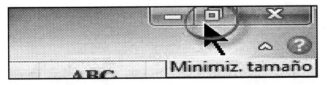

Fig. 1-26. El botón del medio reduce el tamaño de la ventana, pero sin minimizarla totalmente. Hacer clic sobre él.

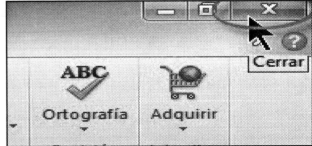

Fig. 1-29. Una vez que se quiera cerrar el documento habrá que hacer clic en el botón **Cerrar**.

■ Buscar documentos y archivos

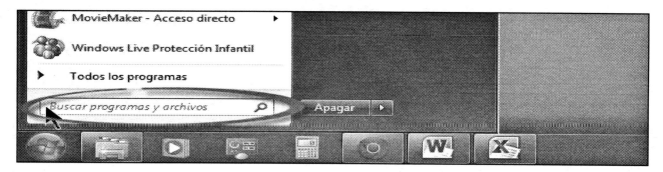

Fig. 1-30. Hacer clic el botón de **Inicio** y después en el espacio **Buscar programas y archivos**.

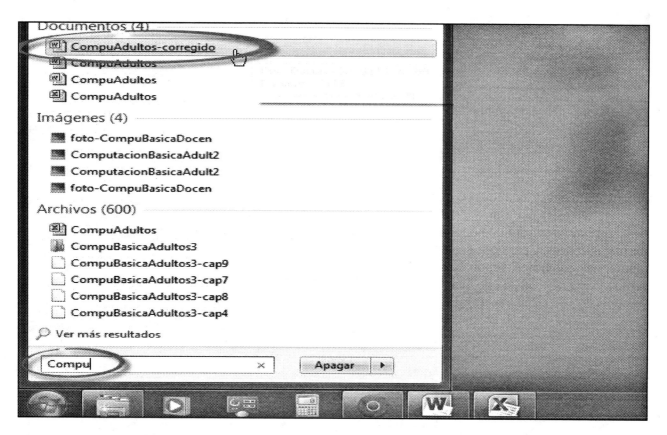

Fig. 1-31. Comenzar a escribir el nombre del archivo o programa y no tardarán en aparecer las sugerencias. Una vez que se encuentre la buscada, hacer clic sobre ella.

■ Ayuda

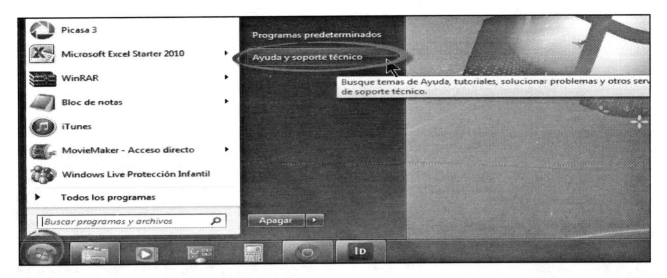

Fig. 1-32. Los que necesiten ayuda para resolver alguna inquietud o inconveniente pueden hacer clic en el botón **Inicio** y después, en la barra derecha del menú que se despliega, seleccionar **Ayuda y soporte técnico**.

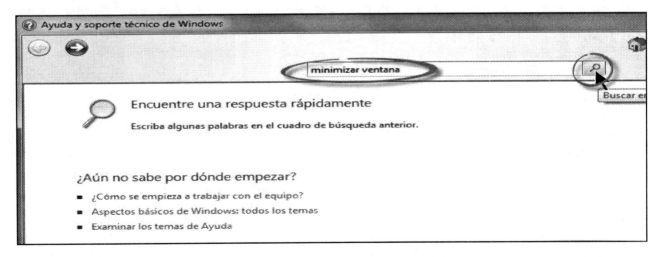

Fig. 1-33. Cuando se abra la ventana de **Ayuda y soporte técnico**, se podrá hacer clic sobre los contenidos disponibles. Otra alternativa es hacer una búsqueda puntual escribiendo (en el campo de ingreso de texto de la parte superior) la temática a consultar. Después, se tendrá pulsar el botón **Buscar** identificado con el ícono de una lupa.

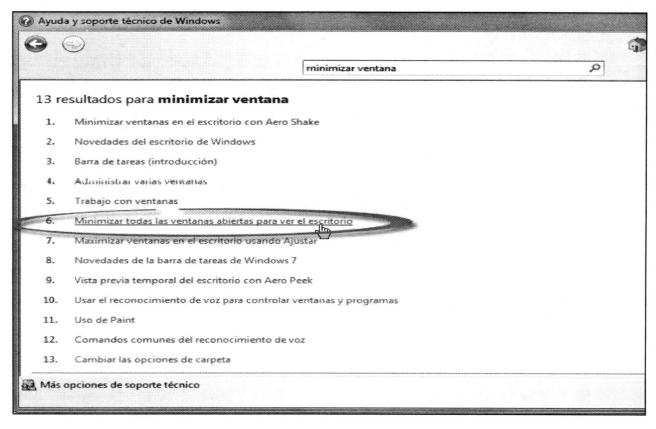

Fig. 1-34. A continuación, aparecerán todos los contenidos relacionados con la búsqueda. Entonces, hacer clic en el que mejor se relacione con lo que se necesita.

Capítulo 2

Navegación de la Web

■ Internet

Internet es una gran red internacional de comunicaciones conformada por diferentes redes de todo el mundo. No tiene un centro de almacenamiento de información ni pertenece a nación alguna. Es de acceso público y permite conexiones desde computadoras, telefónos celulares y otros dispositivos electrónicos.

A través de su sistema, se ofrecen distintos servicios como enviar y recibir correos electrónicos (*e-mail*), mantener conversaciones (*chat*) y recorrer sitios de la *World Wide Web* —conformados por textos, audios, videos y animaciones—, que tienen la capacidad de conectarse con otros a través de enlaces (hipertexto) accionados con un simple clic del *mouse*.

■ Recorrer la World Wide Web

Para utilizar esta funcionalidad de Internet, es indispensable contar con un software navegador de sitios Web. Entre este tipo de herramientas, se puede mencionar, entre otros, a Microsoft Internet Explorer, Mozilla Firefox, Google Chrome, Opera y Safari.

Y si bien en esta obra se utiliza como ejemplo el Microsoft Internet Explorer, el funcionamiento de los otros navegadores es similar y, según las preferencias de cada usuario, hasta puede ser mejor.

■ Iniciar Microsoft Internet Explorer

Cuando se abre este programa, su pantalla principal mostrará un sitio que ya viene preconfigurado por Microsoft.

Fig. 2-1. Sitio que ya viene preconfigurado por Microsoft.

■ Ir hacia un sitio

Para visitar un sitio determinado, habrá que escribir su dirección en la barra de direcciones del navegador. Otra alternativa es encontrarlo con la ayuda de un buscador (ver Búsquedas en la Web).

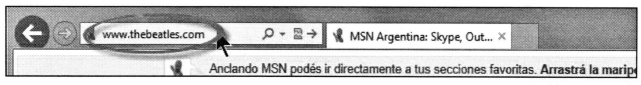

Fig. 2-2. Conocida la dirección, hay que escribirla en la Barra de direcciones del navegador e, inmediatamente, pulsar la tecla **Enter** o **Intro** del teclado de la computadora o la palabra **Entrar** que aparece a un costado de la dirección. En este ejemplo, se escribió la dirección del sitio oficial de *The Beatles*: **www.thebeatles.com**

Fig. 2-3. Así se cargará la pantalla inicial del sitio requerido.

■ Enlaces

Fig. 2-4. Para poder navegar en otras páginas o secciones del mismo sitio, se tiene que hacer clic en las palabras o imágenes que ofrezcan un enlace. Y para saber cuáles son, basta pasar el puntero del *mouse* sobre ellas y ver si el mismo se transforma en una mano con el dedo índice extendido. En este ejemplo, se hizo clic sobre **Albums**.

Fig. 2-5. Después de haber hecho clic sobre un enlace, el navegador cargará los contenidos de la página enlazada (en este ejemplo, Albums).

■ Hacia atrás y hacia adelante

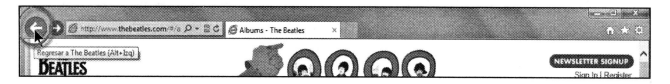

Fig. 2-6. Cuando se quiera volver a la página anterior (en este ejemplo, la principal de *The Beatles*), no hay más que pulsar el botón **Regresar a**.

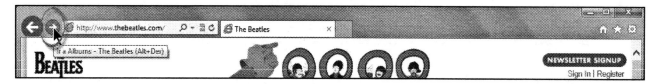

Fig. 2-7. Una vez que se regresó a la principal, se puede volver a la página Albums haciendo clic en el botón **Ir a**.

■ Páginas recientes

Fig. 2-8. Al pulsar este botón, aparecerá un menú desplegable en el que se podrán ver las páginas que se visitaron e ir directamente hacia ellas, seleccionando la que se desee.

■ Actualizar

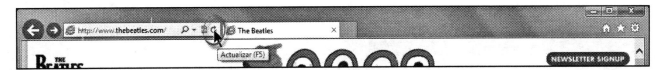

Fig. 2-9. Como los contenidos de algunos sitios (por ejemplo, periódicos en línea) son muy dinámicos y cambian minuto a minuto, se puede recargar su contenido pulsando el botón **Actualizar**.

■ Detener

Fig. 2-10. Cuando se quiera interrumpir la carga de contenido de una página nueva, el botón **Detener** es el indicado para hacerlo.

■ Guardar un sitio como favorito

Los sitios marcados como favoritos quedan agendados en el navegador para volver hacia ellos cuando uno quiera. Y para poder seleccionarlos como tales, se los tiene que estar viendo en el navegador.

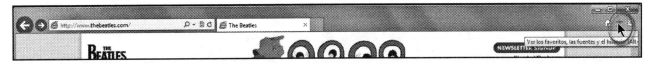

Fig. 2-11. Cuando se esté viendo una sitio que merezca ser guadado como favorito, primero hay que hacer clic en el botón **Favoritos**, identificado con la imagen de una estrella.

Fig. 2-12. Después, hay que pulsar el botón **Agregar a Favoritos.**

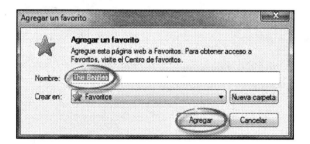

Fig. 2-13. A continuación, aparecerá una ventana como la de esta imagen, que muestra el nombre (que puede ser cambiado por el usuario) con el cual quedará agendado. Para concluir la operación, hay que hacer clic en el botón **Agregar**.

Fig. 2-14. *The Beatles* aparece guardado en la lista de **Favoritos**. Entonces, la próxima vez que se quiera acceder a este sitio, bastará con abrir este listado y hacer clic en el nombre correspondiente.

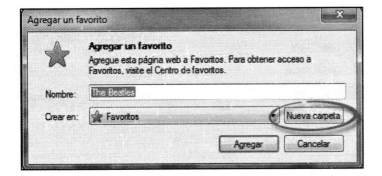

Fig. 2-15. Cuando se quiera guardar un sitio en una carpeta temática (que contenga varios similares), hay que repetir los pasos de las **Figuras 2-11** y **2-12** y, cuando se llega a esta ventana, hacer clic en el botón **Nueva carpeta**.

Fig. 2-16. Aparece una nueva ventana. En ella, se tiene que consignar el **Nombre de la Carpeta** (en este ejemplo, Músicos) que podrá contener a uno o más sitios. Finalmente, hay que hacer clic en el botón **Crear**.

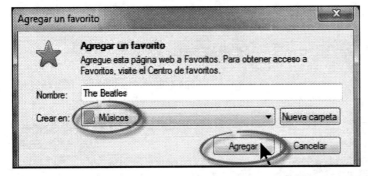

Fig. 2-17. Vuelve a estar disponible la ventana de la **Figura 2-15**. Pero ahora el favorito va estar en la carpeta Músicos, que se encuentra en Favoritos.

Fig. 2-18. En el listado, aparece la carpeta Músicos. Y al hacer clic sobre ella se despliega su contenido, que en este caso es el sitio *The Beatles*.

Fig. 2-19. Para borrar un favorito, solo hay que hacer clic con el botón derecho del *mouse* sobre su nombre y, cuando aparece el menú desplegable, seleccionar **Eliminar**.

Fig. 2-20. Después de la acción anterior, el favorito eliminado ya no aparece en el listado.

Fig. 2-21. Otra alternativa para un favorito es que aparezca en la Barra de favoritos. Para esto, hay que hacer clic en el botón **Favoritos**, después en el menú desplegable de **Agregar a Favoritos** y, finalmente, seleccionar la opción **Agregar a la Barra de favoritos**.

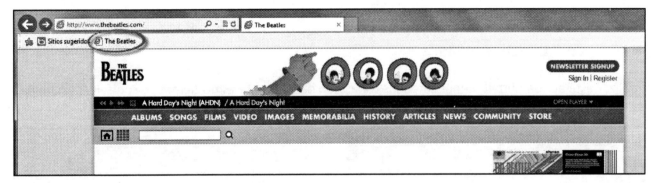

Fig. 2-22. El sitio aparece en la Barra de favoritos. Con un clic sobre su botón, se accede a su contenido.

Fig. 2-23. En caso de querer **borrar** alguno de los sitios que aparecen en la **Barra de favoritos**, no hay más que hacer clic con el botón derecho del *mouse* sobre su botón y, cuando aparece este menú desplegable, seleccionar la opción **Eliminar**.

Fig. 2-24. Para ver todos los sitios que figuran en la Barra de favoritos, hay que hacer clic en el botón que aparece al final de la lista (en el margen derecho del navegador).

■ Abrir en una nueva pestaña

Realizar esta acción permite tener cargadas varias páginas Web al mismo tiempo y, con seleccionar cualquiera de ellas, se accede a sus contenidos en forma instantánea.

Fig. 2-25. Hacer clic en el botón **Nueva pestaña**.

Fig. 2-26. La nueva pestaña ya está creada y, en este caso, abrió una página en blanco (pero según como estaba configurado este navegador también podía haber abierto la página que siempre muestra al inicio). Ahora se tiene que escribir la dirección del sitio al que se quiere llegar. Esto se hace de la misma manera que se describió en las **Figuras 2-2** y **2-3**.

■ Página principal

A través de este botón, se puede volver inmediatamente a la página que carga el navegador cuando se inicia. Por eso, es muy importante que este acceso tenga configurado un sitio de consulta o referencia permanente.

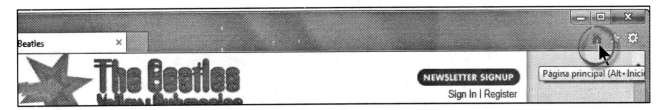

Fig. 2-27. Cuando se está viendo cualquier página, hacer clic en el botón **Página principal** (identificado con el ícono de una casa).

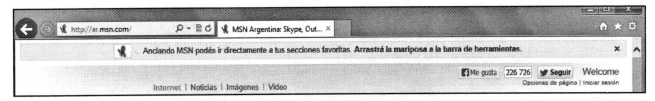

Fig. 2-28. Inmediatamente, el navegador redireccionará y mostrará en pantalla la página configurada como principal (que puede ser similar a la mostrada en la **Figura 2-1**).

Fig. 2-29. Para cambiar la página de inicio, primero ir hasta la página que se quiera marcar como tal y, una vez que se la tenga en pantalla, hacer clic con el botón derecho del *mouse* sobre el botón **Página de inicio**. Cuando se abra el menú desplegable, seleccionar **Agregar o cambiar la página principal**.

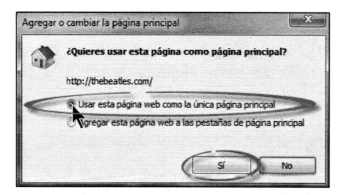

Fig. 2-30. Cuando se abre esta ventana, hacer clic en la primera opción si la página elegida va a ser la única principal. En cambio, si ya existe una principal y se quiere agregar otra (el navegador las abrirá en dos pestañas) hay que marcar la segunda opción. Después, pulsar **Sí**.

■ Búsquedas de páginas Web

Como la *World Wide Web* es muy extensa, nada mejor que la ayuda de un buscador para poder encontrar los sitios que se sabe que existen y alcanzar aquellos desconocidos. Actualmente, existen muchos buscadores pero, sin duda alguna, el más conocido y utilizado es Google.

Fig. 2-31. Ir hasta el sitio de Google: **www.google.com**, que se redireccionará automáticamente a la versión del país que se use en la computadora. Una vez allí, y adentro del cuadro de ingreso de texto, comenzar a escribir la palabra, nombre propio, tema, etc. que se quiera buscar.

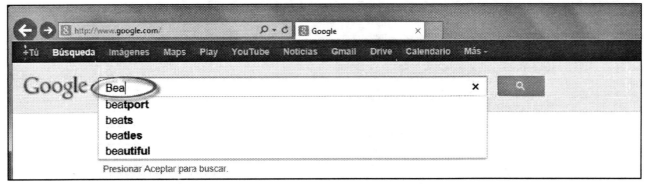

Fig. 2-32. A medida que se completa la o las palabras a buscar, Google ofrece opciones.

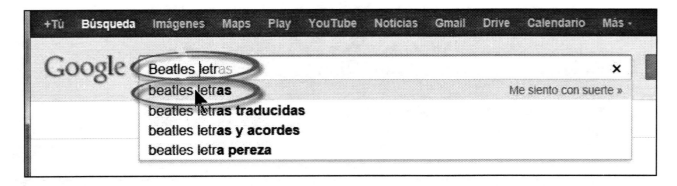

Fig. 2-33. Después de escribir la o las palabras a buscar, pulsar la tecla **Enter** o **Intro** de la computadora. Y, si en medio de la escritura de las palabras a buscar aparece su opción, hacer clic sobre ella. Los que hagan clic en **Me siento con suerte**, accederán solo a un resultado de búsqueda.

Fig. 2-34. Una vez que Google muestra los resultados, no hay más que hacer clic sobre cualquiera de ellos para acceder a su contenido.

Letras de The Beatles : 174 canciones traducidas 533 veces a 28 ...
lyricstranslate.com/es/**beatles**-lyrics.html ▾ Traducir esta página
Traducción de **letras** de The **Beatles**. Pedidos de traducción.

The **Beatles**, In My Life **letra** de la canción - La higuera
www.lahiguera.net › Musicalia › The Beatles ▾
The **Beatles**, In My Life **letra** de la canción. The **Beatles**, Rubber Soul: **Letra** del In
My Life.

Búsquedas relacionadas con **beatles letras**

beatles letras **y acordes**   beatles **discografia**
the beatles letras **y traduccion**   beatles letras **traducidas**
beatles **lyrics**   **john lennon** letras
the beatles letras **traducidas al español**   beatles letras **yesterday**

Goooooooooogle ›

1 2 3 4 5 6 7 8 9 10   Siguiente

Búsqueda avanzada   Ayuda de búsqueda   Enviar comentarios

Página principal de Google   Programas de publicidad   Privacidad y condiciones   Todo acerca de Google

Fig. 2-35. Si existiera más de una página de resultados, al final de cada una de ellas se puede hacer clic en el botón **Siguiente** para pasar a la próxima.

The **Beatles**, In My Life **letra** de la canción - La higuera
www.lahiguera.net › Musicalia › The Beatles ▾
The **Beatles**, In My Life **letra** de la canción. The **Beatles**, Rubber Soul: **Letra** del In
My Life.

Búsquedas relacionadas con **beatles letras**

beatles letras **y acordes**   beatles **discografia**
the beatles letras **y traduccion**   beatles letras **traducidas**
beatles **lyrics**   **john lennon** letras
the beatles letras **traducidas al español**   beatles letras **yesterday**

Goooooooooogle ›

1 2 3 4 5 6 7 8 9 10   Siguiente

Búsqueda avanzada   Ayuda de búsqueda   Enviar comentarios

Página principal de Google   Programas de publicidad   Privacidad y condiciones   Todo acerca de Google

oogle.com/advanced_search?q=beatles+letras&biw=1286&bih=629

Fig. 2-36. Para ajustar aún más las búsquedas y obtener resultados más exactos, se puede hacer clic en el enlace **Búsqueda avanzada**.

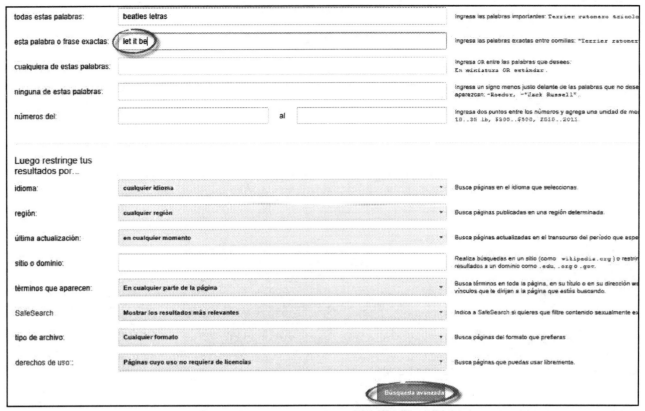

Fig. 2-37. En este ejemplo, se pide que el buscador muestre resultados que incluyan la **frase exacta** *Let it be*, pero también se podían establecer un gran variedad de ajustes. Para realizar la búsqueda determinada, hay que pulsar el botón **Búsqueda avanzada**.

■ Búsquedas de imágenes

El procedimiento para la búsqueda de imágenes es muy parecido al utilizado con páginas Web. Y las imágenes encontradas se pueden descargar a la computadora (ver Descargas de imágenes).

Fig. 2-38. Desde el sitio de búsqueda de Google (www.google.com), hacer clic en la sección **Imágenes**, ubicada en la parte superior de la página.

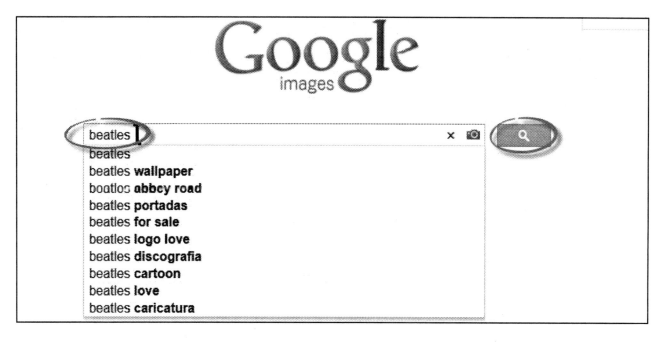

Fig. 2-39. Escribir el nombre, temática, título o protagonista de la imagen que se quiera buscar. Se puede ver que Google aporta sugerencias de resultados. Para comenzar la búsqueda, hacer clic en el botón **Buscar** (identificado con el ícono de una lupa).

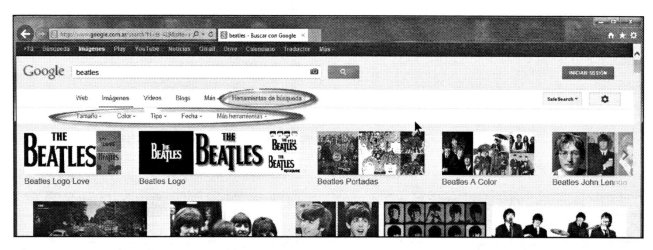

Fig. 2-40. Haciendo clic sobre las imágenes encontradas, se las podrá ver en mayor formato y en la página en la que están publicadas. Y si se pulsa sobre la opción **Herramientas de búsqueda** se desplegarán opciones para refinar la búsqueda. Entonces, solamente habrá que pulsar sobre ellas para que se desplieguen sus recursos.

■ Búsquedas de noticias

Las noticias del mundo están a unos pocos clics de distancia. Google Noticias dispone de un panel completo y organizado para acceder a la información de último momento y a la de archivo.

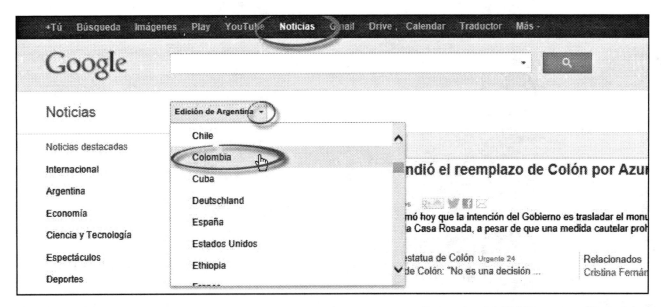

Fig. 2-41. Desde el sitio de Google (www.google.com), hacer clic en la sección **Noticias** y, cuando se abra su página, seleccionar en qué país se quiere hacer la búsqueda (a través del menú desplegable) y de qué temática son las noticias a mostrar (haciendo clic en las categorías de la columna izquierda).

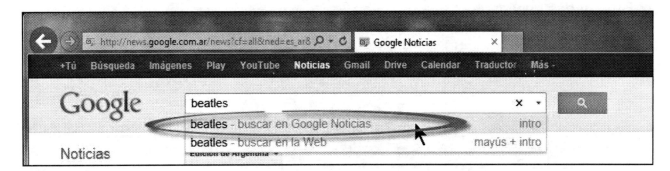

Fig. 2-42. Si se quisiera buscar una noticia en particular, después de entrar en esta sección escribir la temática de la noticia (en este ejemplo, *Beatles*) y seleccionar la opción **buscar en Google Noticias**, que se desplegará mientras se tipea la palabra.

Fig. 2-43. Inmediatamente, se desplegarán las noticias relacionadas con la búsqueda y, si se selecciona la opción **Herramientas de búsqueda**, se mostrarán opciones para refinar los resultados.

■ Búsquedas de videos

Sin necesidad de ir hasta el sitio de YouTube, Google ofrece la posibilidad de buscar cualquier video de esta red social.

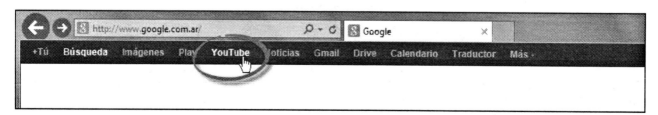

Fig. 2-44. Desde el sitio de Google (www.google.com), hacer clic en la sección **YouTube**.

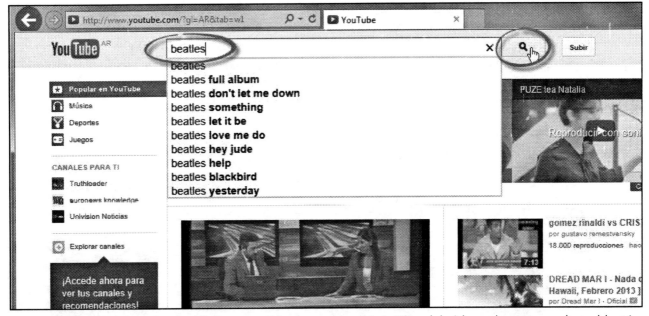

Fig. 2-45. Cuando se abra la página, escribir el nombre o temática del video a buscar y pulsar el botón identificado con la imagen de una lupa.

Fig. 2-46. Inmediatamente, se mostrarán los videos encontrados y con solo hacer clic en el nombre o la imagen de los mismos se abrirá una nueva página y comenzará la reproducción del video.

■ Descargar imágenes y documentos

Por medio del navegador Web, se puede descargar al disco de la computadora cualquier tipo de archivos digitales: imágenes, software y documentos (de texto, planillas de cálculo, presentaciones y otros.

Descargar imágenes

Fig. 2-47. Cuando se está navegando por cualquier página de la *World Wide Web*, pueden aparecer imágenes que dan ganas de guardar. Llegado esos casos, y para empezar el proceso, hay que hacer clic con el botón derecho del *mouse* sobre ella.

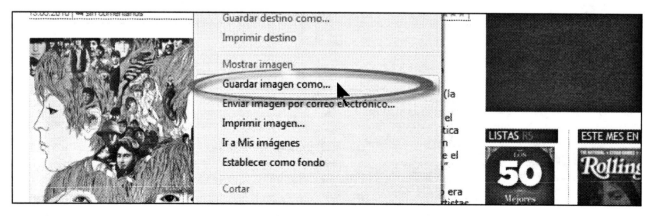

Fig. 2-48. Una vez que se abre el menú desplegable, seleccionar la opción **Guardar imagen como...**

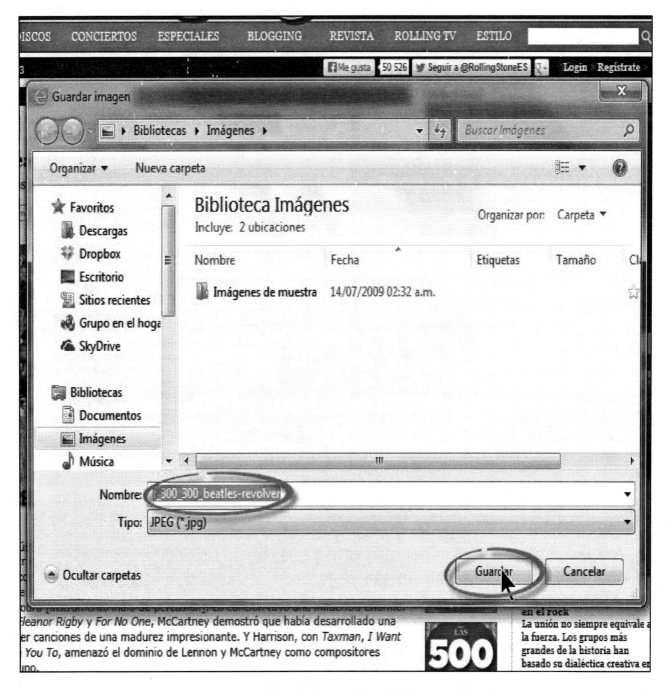

Fig. 2-49. Inmediatamente, se abrirá la ventana **Guardar imagen**. En ella, aparecerá el Nombre de la imagen (que se puede cambiar escribiendo otro) y el Tipo de archivo (en este ejemplo, JPEG). Para guardarla, solo resta hacer clic en **Guardar**.

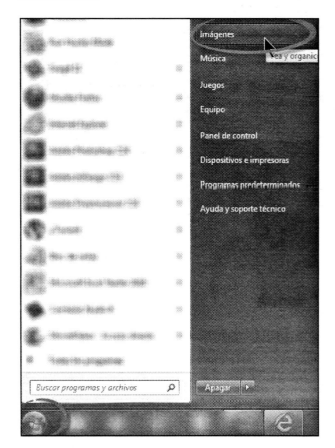

Derechos de autor

Las funcionalidades técnicas de Internet permiten que cualquier imagen pueda descargarse a la computadora. Pero vale aclarar que las imágenes pueden estar protegidas por derechos de autor que limitan el uso de las mismas.

Software de edición de imágenes

Más allá del software de edición de imágenes que viene incorporado con Microsoft Office, existe una gran cantidad de aplicaciones específicas como Adobe Photoshop (de uso profesional), IrfanView (que se descarga desde www.irfanview.com) o Picasa (www.picasa. google.com). Estas aplicaciones, más allá de permitir la visualización de las imágenes ofrecen diferentes recursos y herramientas para modificar dimensiones, brillo, contraste, agregar textos y otros elementos a la fotografía o dibujo.

Fig. 2-50. Para ir a buscar y ver la imagen guardada, hay que hacer clic en el botón **Inicio** y, cuando aparece esta ventana, seleccionar la opción **Imágenes**.

Fig. 2-51. La imagen descargada aparece en la carpeta **Imágenes**.

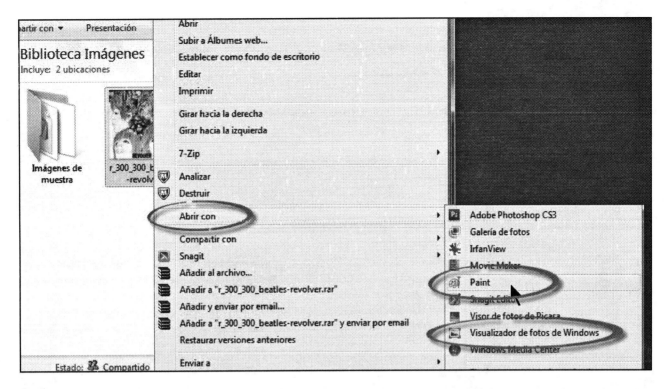

Fig. 2-52. Para abrir la imagen con un software determinado, hay que hacer clic con el botón derecho del *mouse* sobre el ícono de la imagen y, cuando se abre el menú desplegable, primero seleccionar **Abrir con** y después elegir algunos de los software que aparecen en la lista. En este ejemplo, se seleccionó Paint pero también se pudo haber elegido Visualizador de fotos de Windows.

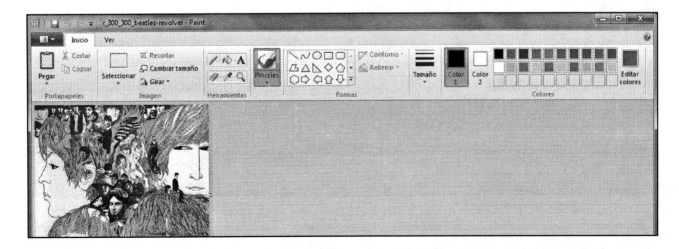

Fig. 2-53. La imagen ya se puede ver desde el programa seleccionado en el paso anterior.

Descargar documentos

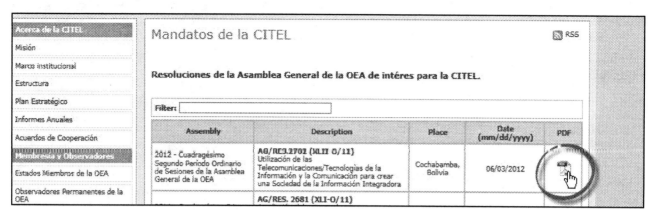

Fig. 2-54. Hay veces que al hacer clic en un vínculo en lugar de abrirse una nueva página Web se inicia la descarga de un documento. En este ejemplo, al pulsar sobre un ícono (que corresponde a un documento en formato .PDF) se obtiene la acción del paso siguiente.

Fig. 2-55. Ni bien se hizo clic en el enlace anterior, en la ventana del navegador aparece una ventana como la de esta figura que pregunta si se quiere guardar el documento. Entonces, y si se lo quiere descargar, se tendrá que hacer clic sobre el botón **Guardar**.

Fig. 2-56. Una vez que la descarga se completó, tal cual se advierte en la ventana, hacer clic en el botón **Abrir Carpeta** para ir a buscar el archivo descargado.

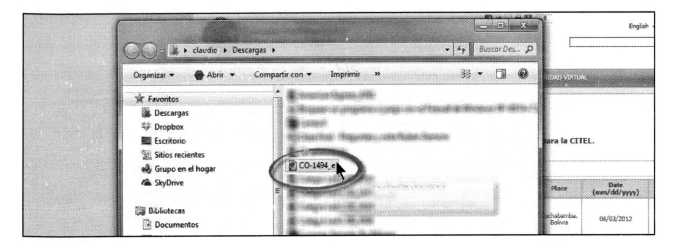

Fig. 2-57. El archivo descargado aparece en la carpeta **Descargas**. Y para abrirlo solamente habrá que hacer doble clic sobre él.

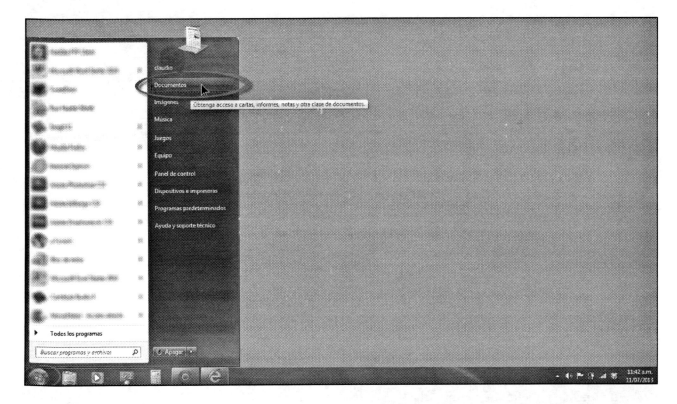

Fig. 2-58. Si en otro momento se quisiera volver a abrir cualquier archivo descargado, se tendrá que hacer clic en el botón **Iniciar** de Windows y después en la opción **Documentos**.

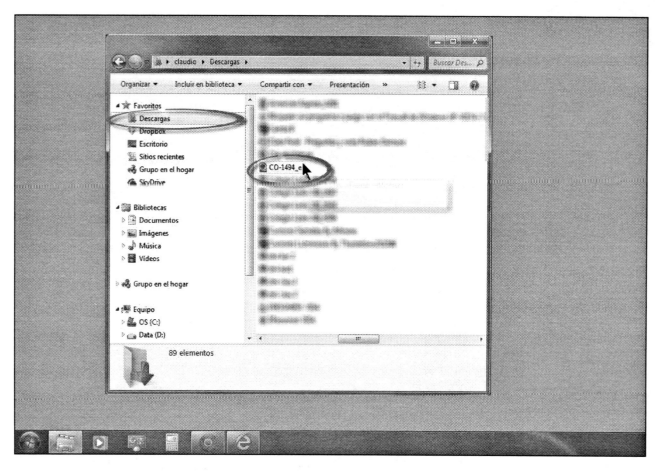

Fig. 2-59. Si en otro momento se quisiera volver a abrir cualquier archivo descargado, se tendrá que hacer clic en el botón **Iniciar** de Windows y después en la opción **Documentos**.

Tiempos de descargas

Los tiempos de duración de las descargas estarán determinados por el volumen de los archivos que se han de bajar y por el tipo de conexión a Internet que se posea. Por ejemplo, un archivo de alrededor de 1 MB (*Mega Byte*) tendría que descargarse con una conexión de Banda Ancha en menos de un minuto.

■ Descargar e instalar software

Fig. 2-60. En este ejemplo, se muestra cómo descargar el software WinRAR, utilizado para descomprimir y comprimir archivos que se descargan o se envían por Internet. Entonces, después de navegar hasta la dirección **www.winrar.es/descargas**, se tiene que hacer clic sobre el enlace ofrecido en Descarga recomendada.

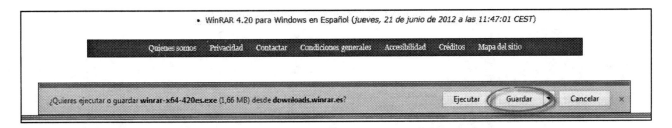

Fig. 2-61. Después de haber hecho clic en el enlace del paso anterior, aparecerá la barra de descargas y allí se tendrá que hacer clic en el botón **Guardar**.

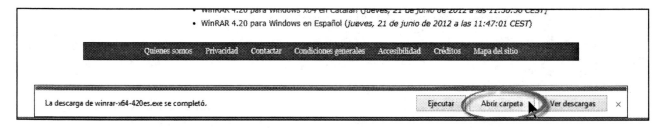

Fig. 2-62. Cuando la descarga se completó, pulsar el botón **Abrir carpeta**.

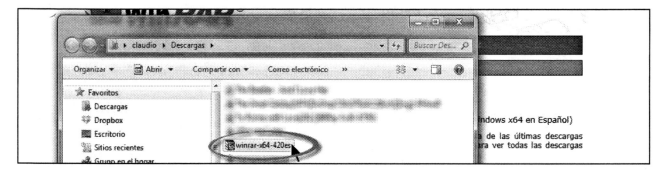

Fig. 2-63. Después de que se abrió la carpeta **Descargas**, buscar el archivo descargado y hacer doble clic sobre él para comenzar la instalación.

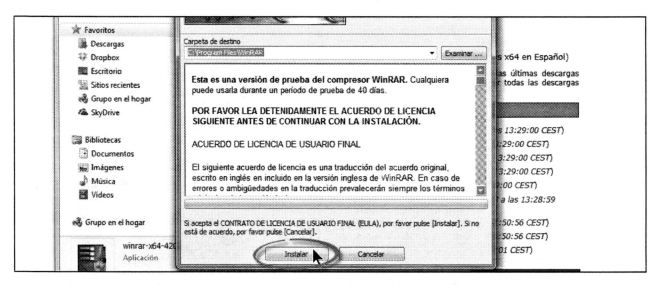

Fig. 2-64. Antes de comenzar la instalación, los programas generalmente ofrecen la lectura de la licencia de uso, y si se está de acuerdo con ella, se debe pulsar **Instalar** para comenzar.

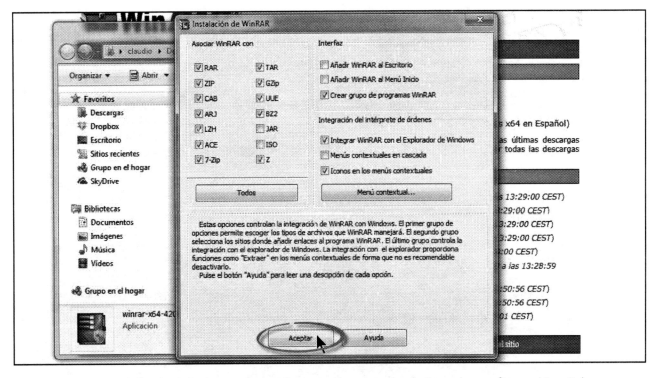

Fig. 2-65. Durante las instalaciones, los software ofrecen alternativas de configuración. Salvo que se posean los conocimientos suficientes, es recomendable dejarse guiar por las opciones sugeridas. En este ejemplo, se hizo clic en el botón **Aceptar** para continuar la instalación.

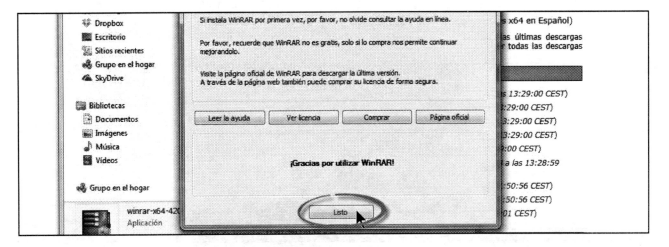

Fig. 2-66. Una vez que la instalación fue realizada, generalmente se advierte de la conclusión del procedimiento. Y, en este ejemplo, se requiere que se haga clic en el botón **Listo** para finalizar la misma.

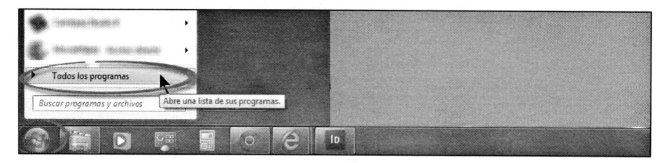

Fig. 2 67. Para abrir cualquier programa instalado en la computadora, se debe hacer clic en el botón **Iniciar** y después seleccionar la opción **Todos los programas**.

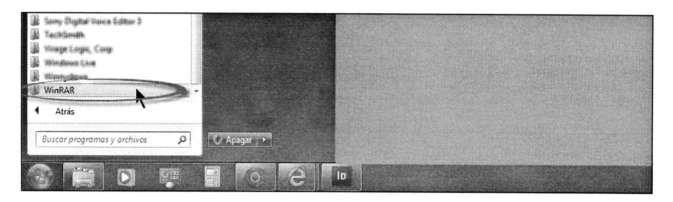

Fig. 2-68. Cuando se despliegue el listado de todos los programas instalados, buscar el elegido y hacer clic sobre su carpeta.

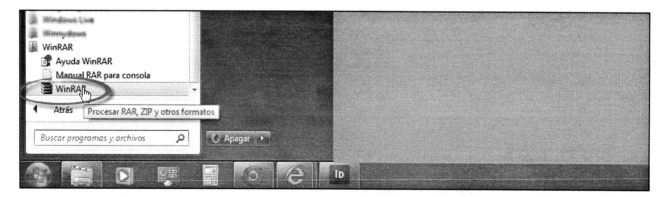

Fig. 2-69. Después de que se abra la carpeta y se muestre su contenido, hacer clic sobre el programa para que se abra.

■ Descomprimir y comprimir archivos

La compresión de archivos es utilizada para reducir el volumen de documentos y software que se transfieren por Internet, ya que de esta manera se insume menos tiempo de envío y de descarga y también se gana espacio en la computadora. Para la descompresión y compresión de archivos, se necesita tener instalado un software específico como el que se mostró en el ejemplo que va de la **Figura 2-60** a la **2-66**.

Descomprimir archivos

Fig. 2-70. Cuando se descarga un archivo en formato .rar o .zip , como el que se ve en esta imagen, hay que hacer clic con el botón derecho sobre su ícono y esperar a que se abra el menú desplegable.

Fig. 2-71. Ni bien se abra el menú desplegable (y si ya se instaló un software como el que se mostró entre las **Figuras 2-60** a **2-66**) hay que seleccionar la opción **Extraer aquí**.

Fig. 2-72. Inmediatamente, comenzará el proceso de descompresión y ni bien se realice totalmente aparecerá el archivo descomprimido. Al hacer doble clic sobre él, se abrirá el programa adecuado para mostrar su contenido.

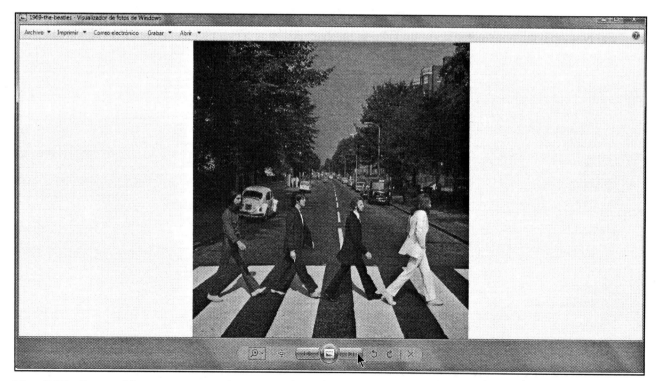

Fig. 2-73. Enseguida, comenzará el proceso de descompresión y ni bien se realice totalmente aparecerá el archivo descomprimido. Al hacer doble clic sobre él, se abrirá el programa adecuado para mostrar su contenido, que este ejemplo se trató de una imagen.

Comprimir archivos

Fig. 2-74. Hacer clic con el botón derecho del *mouse* sobre el archivo o carpeta para comprimir y esperar a que se abra el menú desplegable, cuando se abre el menú desplegable, seleccionar **WinZip** y después hacer clic en la pequeña flecha que está a su derecha. A continuación, y cuando se abre el segundo menú desplegable, elegir la opción **Zip and E-mail xxxxx.zip** (en este ejemplo, **Zip and E-mail Fotos Beatles. zip**).

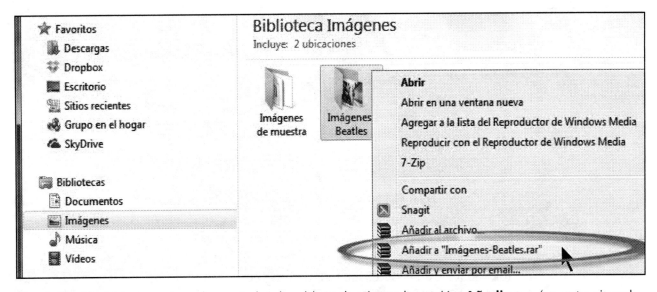

Fig. 2-75. Y ni bien se abre el menú desplegable, seleccionar la opción **Añadir a...** (en este ejemplo, Añadir a "Imágenes-Beatles.rar").

Fig. 2-76. Después de la acción del paso anterior, comenzará el proceso de compresión y ni bien finalice el mismo aparecerá el archivo comprimido.

■ Imprimir y guardar páginas Web

Cualquiera de las páginas que se ve desde el navegador Web puede imprimirse y también hasta guardarse en la computadora. Esta última funcionalidad sirve para ver la página sin necesidad de estar conectado a Internet.

Imprimir páginas Web

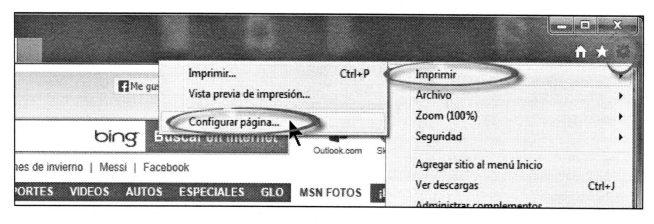

Fig. 2-77. Si se quiere imprimir la página Web que se ve en el navegador, primero hay que hacer clic en botón **Herramientas** (que aparece en la parte superior derecha de la ventana), después hay que seleccionar **Imprimir** y finalmente elegir **Configurar página**.

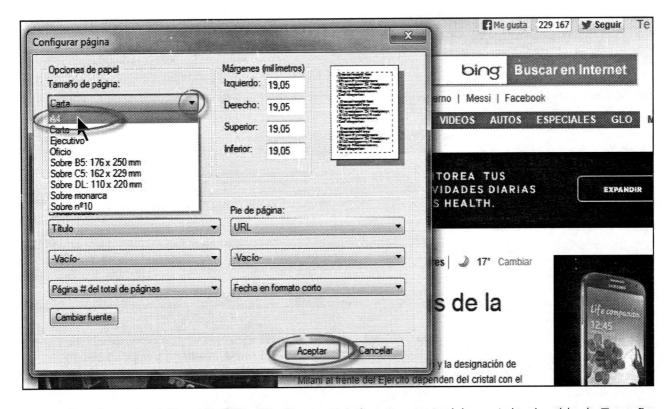

Fig. 2-78. Cuando se abra la ventana **Configurar página** y a través del menú desplegable de **Tamaño de página**, se debe seleccionar el papel que posee la impresora en la que se va a realizar la impresión. En este ejemplo, se seleccionó **A4**. Después, hay que hacer clic en **Aceptar**.

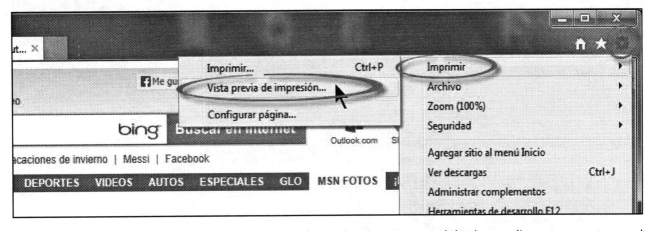

Fig. 2-79. Luego, y para ver cómo va a quedar la página impresa, se debe hacer clic nuevamente en el botón **Herramientas**, después en **Imprimir** y finalmente en **Vista previa de impresión...**

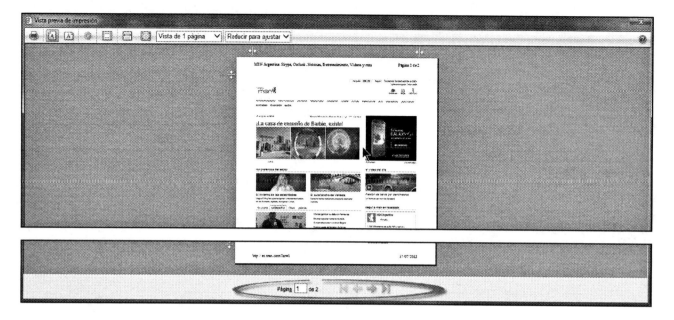

Fig. 2-80. Automáticamente, se abre la pantalla **Vista previa de impresión** y, en ella, puede verse una muestra de lo que saldrá impreso. Utilizando los controles de la parte inferior se pueden ver todas las páginas que componen la impresión.

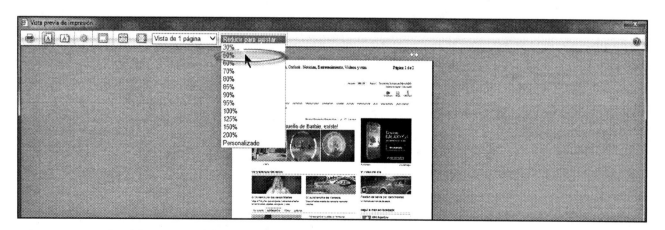

Reducir para ajustar

Una de las utilidades que tiene esta función es evitar que, por unas pocas líneas, se imprima una página de más. Con reducir un poco el porcentaje, se logra este objetivo.

Fig. 2-81. Por medio del menú desplegable **Reducir para ajustar**, se puede disminuir o aumentar el formato de la página Web que se va a imprimir.

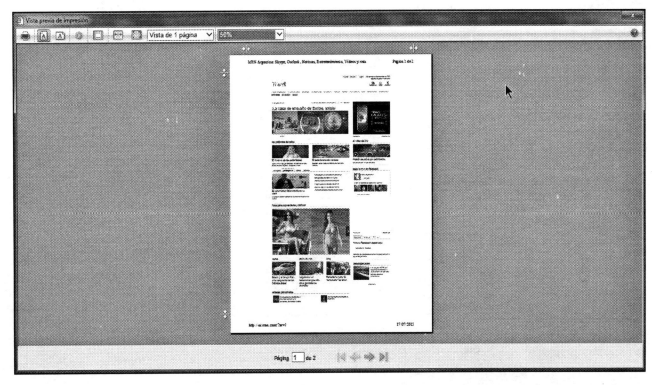

Fig. 2-82. Este ejemplo, en el que se hizo una reducción del **50%**, se puede comparar con el de la **Figura 2-80** que se encuentra al **100%**.

Fig. 2-83. Una vez que se realizaron todas las configuraciones, hacer clic en el botón **Imprimir documento**, ubicado en la parte superior izquierda de la pantalla.

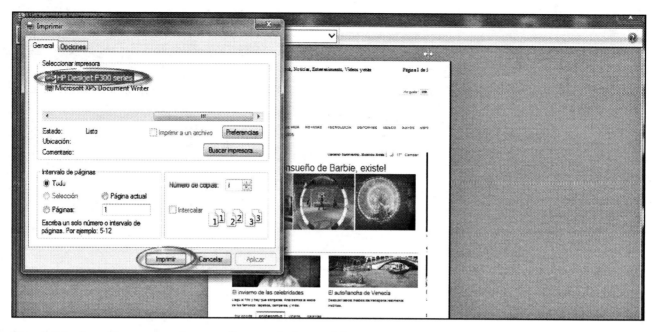

Fig. 2-84. Cuando aparece la pantalla **Imprimir**, se debe seleccionar la impresora que se ha de utilizar y se pueden ajustar otros parámetros de impresión.

Fig. 2-85. Existen páginas Web que ofrecen, entre sus servicios, la funcionalidad **Imprimir**. Así se hace más simple este proceso.

■ Mirar videos en línea

Existe una gran cantidad de sitios que ofrecen la posibilidad de ver videos a través de Internet y sin necesidad de descargarlos a la computadora. Más allá de que el sistema elegido en este libro es YouTube (porque es el más utilizado y, por lo tanto, el que más videos contiene), el funcionamiento de otras alternativas es similar.

Buscar videos

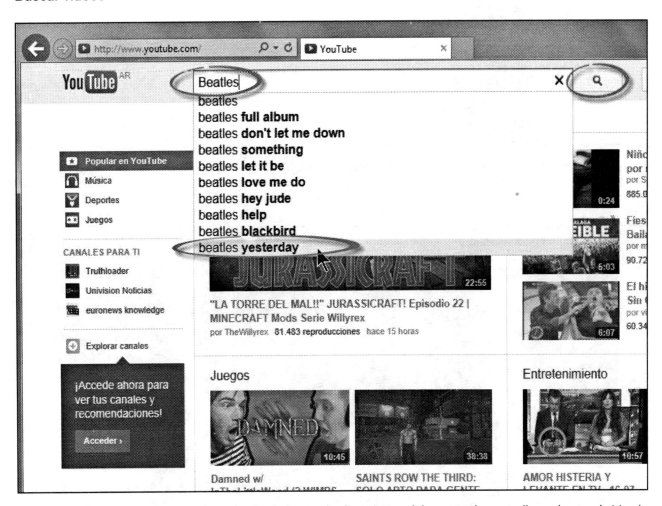

Fig. 2-86. Escribir **www.youtube.com** en la barra de direcciones del navegador para llegar hasta el sitio de YouTube. Una vez allí, escribir la palabra, nombre o título que se quiere encontrar (en este ejemplo, Beatles) en el **cuadro de Buscar**. A medida que se escribe, el buscador ofrece alternativas (en este caso, se seleccionó *beatles yesterday*). Si las opciones no son las que se prefieren, basta con terminar de escribir la o las palabras que se quieren encontrar y después hacer clic en **Buscar** (identificado con el ícono de una lupa).

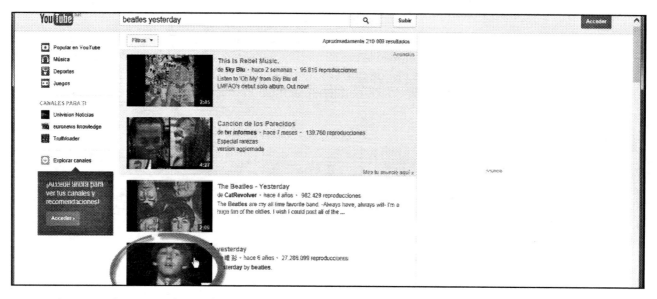

Fig. 2-87. YouTube no tarda en devolver los resultados de la búsqueda. Y, entonces, solo resta hacer clic en la pantalla del video que se prefiera.

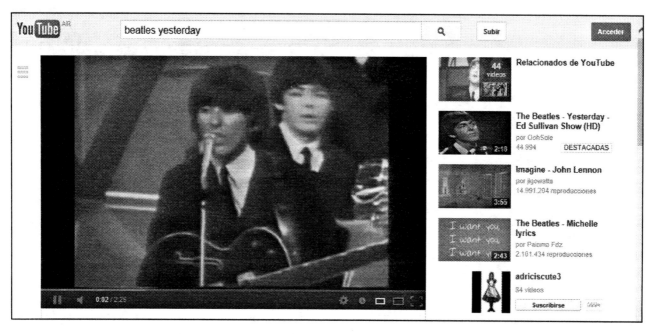

Fig. 2-88. Automáticamente, se abre una nueva página y el video se comienza a cargar y ejecutarse. Vale avisar que no hay que olvidarse de tener conectados y encendidos los altavoces de la computadora para poder disfrutar el sonido.

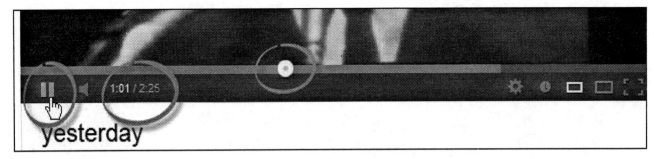

Fig. 2-89. Cuando el video está en ejecución, el primer control que se ve en esta imagen es utilizado para establecer una pausa en la reproducción y para volver a reproducir. El control que se desliza a medida que se reproduce el video puede moverse (haciendo clic sobre él y arrastrándolo) para adelantar o retroceder. Y los números que aparecen a la izquierda muestran el tiempo transcurrido y el tiempo total que tiene el video.

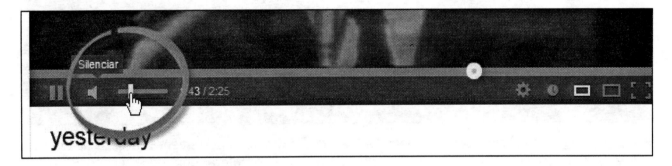

Fig. 2-90. Al hacer clic sobre el control que tiene el símbolo de un altavoz, se abre un menú con el cual se controla el volumen del audio.

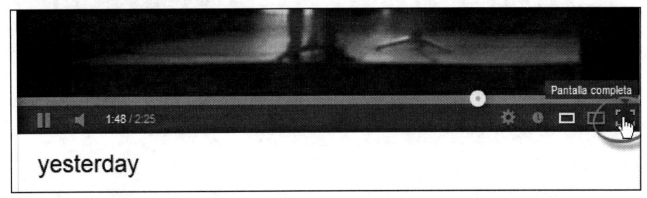

Fig. 2-91. Haciendo clic en el botón que se ve en esta imagen, el video se mostrará utilizando toda la pantalla del monitor.

Fig. 2-92. El video se ve a pantalla completa. Para volver a la vista anterior, se tiene que pulsar la tecla **Esc** (del teclado de la computadora) o el botón **Salir de pantalla completa**, ubicado en el ángulo inferior derecho del reproductor de video.

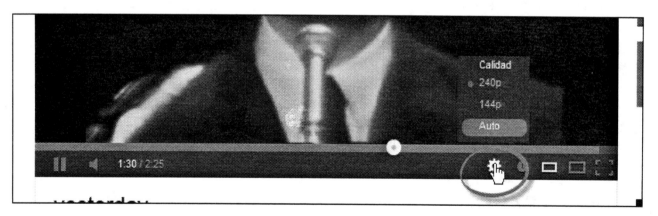

Fig. 2-93. Al hacer clic en el último botón Calidad, se ofrecerán opciones para ver el video en otras calidades mejores (inclusive en alta definición, si estuviera disponible) a la que se muestra inicialmente. Para esto, y cuando se abra el menú desplegable, solo hay que elegir alguna de las alternativas.

Ayudas y recursos

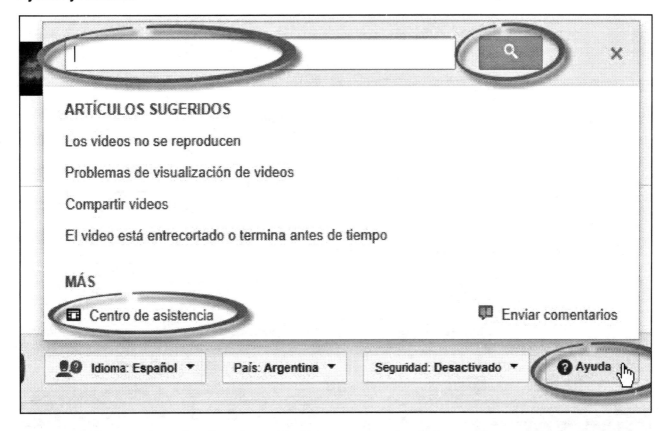

Fig. 2-94. Para seguir profundizando en YouTube, se recomienda hacer clic en el botón **Ayuda**, que aparece en la parte inferior de la página. Y una vez que se abre su menú, escribir el tema de la duda (en el cuadro de ingreso de texto) y después pulsar el botón **Buscar** (identificado con el ícono de una lupa). También se puede hacer clic sobre el enlace **Centro de asistencia** para obtener mayor información.

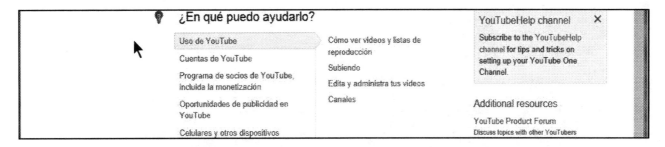

Fig. 2-95. En la página del **Centro de asistencia**, se ofrece un menú de ayuda temático para resolver cualquier duda y aprender más sobre los recursos de YouTube.

■ Opciones del navegador

Fig. 2-96. Hacer clic en el botón **Herramientas** y después en **Opciones de Internet** del navegador Internet Explorer.

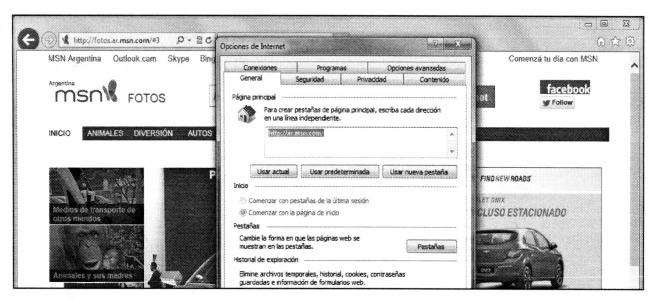

Fig. 2-97. Desde la ventana que se abre, se podrán cambiar y ajustar opciones generales, de seguridad, privacidad y contenido, entre otras.

■ Navegación con privacidad

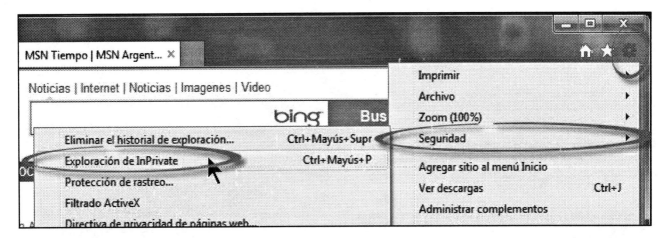

Fig. 2-98. Para utilizar el modo de navegación con privacidad, se debe pulsar el botón **Herramientas**, después la opción **Seguridad** y finalmente **Exploración de InPrivate**.

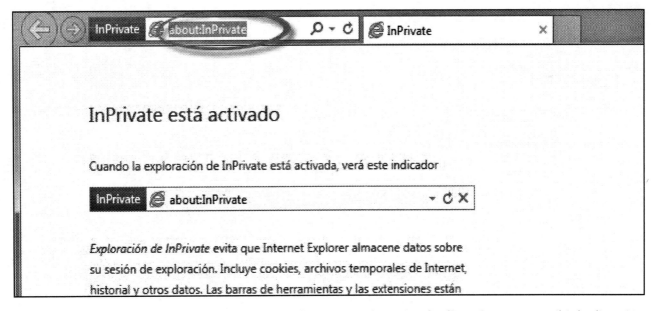

Fig. 2-99. Borrar el texto **about:InPrivate**, que aparece en la **Barra de direcciones**, y escribir la dirección Web a la que se quiere llegar. Todos los sitios que se visiten desde esta ventana del navegador no quedarán registrados en el historial de visitas. Esta función es ideal para aquellos que navegan páginas Web (por ejemplo, bancarias) en computadoras que utilizan otras personas y no quieren que cualquiera se entere de los lugares que se visitaron.

Capítulo 3

Correo electrónico

El correo electrónico (también conocido como *e-mail*, *email* o *mail*) funciona de manera similar al correo tradicional, pero ofrece mayores prestaciones.

Para intercambiar mensajes por medio de este sistema, se necesita contar con una dirección de correo electrónico y tener acceso a un equipo (computadora, telefóno móvil u otro dispositivo) con conexión a Internet.

Y desde el equipo con conectividad a Internet hay dos maneras de usar el *e-mail*. Una de ellas es a través de los sistemas *Web mail* como Gmail (www.gmail.com), Yahoo! (www.yahoo.com) y Outlook (www.outlook.com), a los cuales se accede por medio de un navegador Web.

La otra alternativa es usar un software específico (Microsoft Outlook o Mozilla Thunderbird, entre otros) que se debe tener instalado en el dispositivo electrónico (por ejemplo, computadora o teléfono móvil) con conexión a Internet.

En este capítulo, vamos a tratar el envío y recepción de mensajes a través de Gmail, que tiene un funcionamiento muy parecido al de sus competidores.

■ Abrir una cuenta

Para suscribirse al servicio *Web mail* de Gmail, hay que abrir una cuenta desde la página Web **www.gmail.com**. El trámite es muy sencillo y totalmente gratuito.

Direcciones de e-mail

Las direcciones de e-mail se componen de dos partes que se separan por medio de la letra @ (que significa: en). La parte de adelante de la @ identifica al usuario de la dirección y la de atrás al prestador del servicio de correo electrónico.

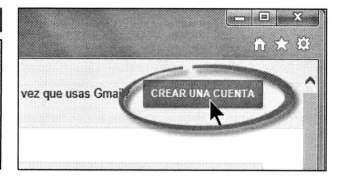

Fig. 3-1. Navegar hasta la dirección **www.gmail.com**. Cuando se abra la página de Gmail, hacer clic en el botón **Crear una cuenta**.

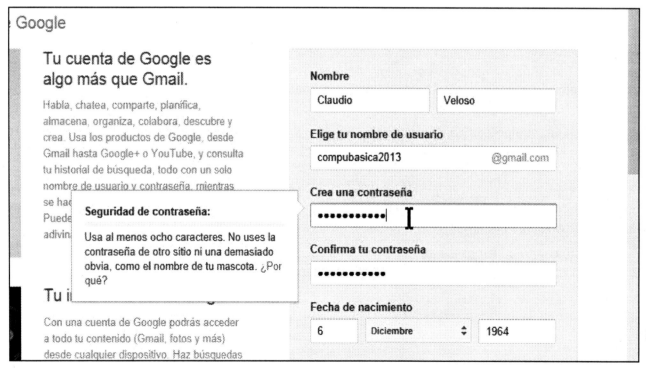

Fig. 3-2. Aparece un formulario que hay que completar con datos personales, la dirección de *e-mail* que se quiera tener (nombre de usuario) y la clave de acceso que se utilizará. Se aclara que al introducir el nombre de usuario no hace falta agregar @gmail.com, ya que esto lo pone automáticamente el sistema. En este ejemplo, para obtener compubasica2013@gmail.com solamente se escribió compubasica2013. Puede pasar que el nombre de usuario que se desee ya lo tenga otra persona. En este caso, se pueden elegir algunas de las opciones que ofrece Gmail o bien probar con otra totalmente diferente.

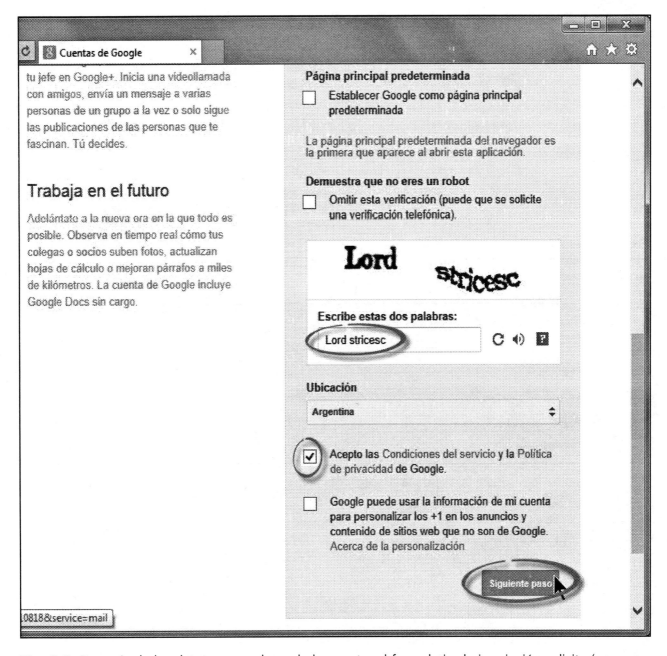

Fig. 3-3. Después de los datos personales y de la cuenta, el formulario de inscripción solicita (por cuestiones de seguridad) que se escriban las palabras que se muestran en pantalla y, si se está de acuerdo con las **Condiciones del servicio** y la **Política de privacidad de Google** (que se muestran haciendo clic en sus respetivos enlaces) marcar la casilla correspondiente y después pulsar el botón **Siguiente paso**.

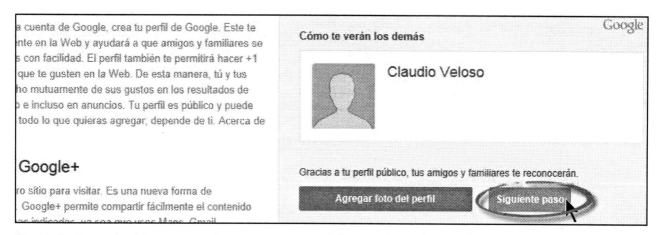

Fig. 3-4. Después del paso anterior aparece esta página, en la cual se podrá agregar la foto de perfil o bien dejar esto para otro momento y pulsar el botón **Siguiente paso**.

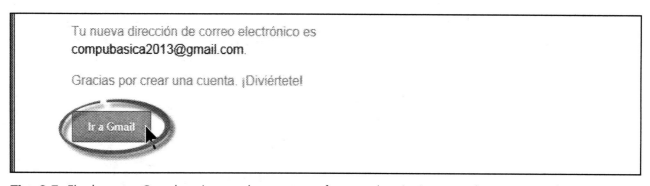

Fig. 3-5. Finalmente, Google avisa que la cuenta ya fue creada e invita a usarla. Para esto, hay que hacer clic en **Ir a Gmail**.

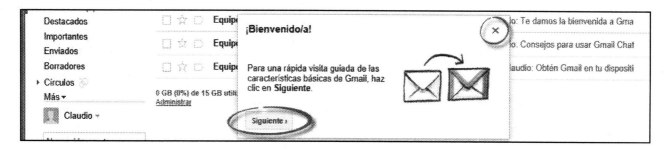

Fig. 3-6. Ni bien se entra en Gmail aparece un mensaje de bienvenida que además ofrece una visita guiada para conocer las características del servicio de correo. Si se acepta, pulsar **Siguiente**. Caso contrario, hacer clic en la **X** de la invitación.

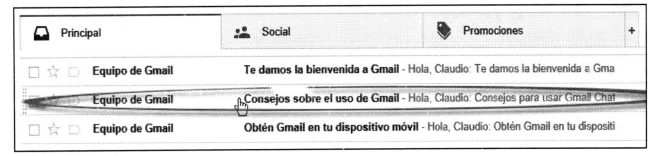

Fig. 3-7. Por otra parte, ya se puede notar que hay mensajes recibidos. Hacer clic en uno de ellos.

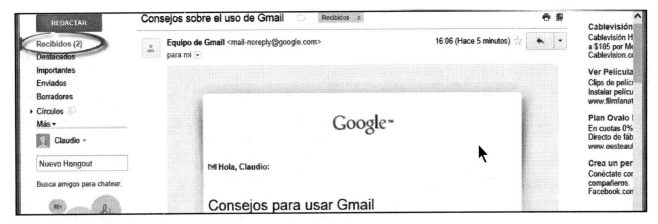

Fig. 3-8. El mensaje recibido aparece en pantalla. Para volver a ver los otros mensajes que llegaron, hacer clic en **Recibidos**.

Fig. 3-9. El mensaje que ya fue visto ahora no aparece destacado con letra de mayor espesor.

■ Redactar, enviar y recibir

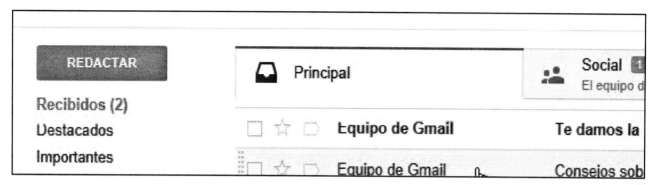

Fig. 3-10. Hacer clic en el botón **Redactar**, ubicado en la parte superior izquierda de la página de Gmail.

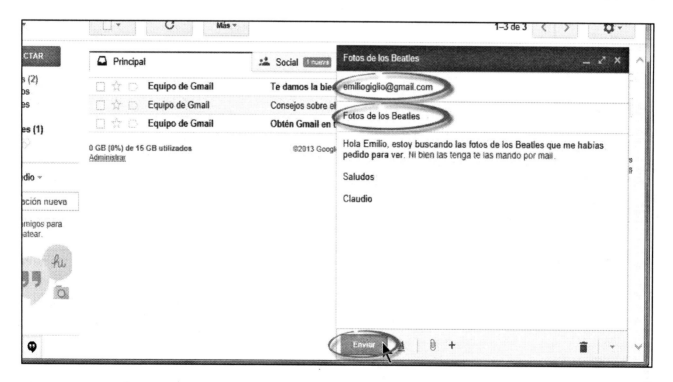

Fig. 3-11. Inmediatamente, se abrirá una ventana. En el campo **Para** (el primero), hay que escribir la dirección de *e-mail* del que va a recibir el mensaje; en **Asunto** (el segundo), el motivo del mensaje. Después, hay que redactar el texto principal del mensaje y, finalmente, hay que pulsar el botón **Enviar**.

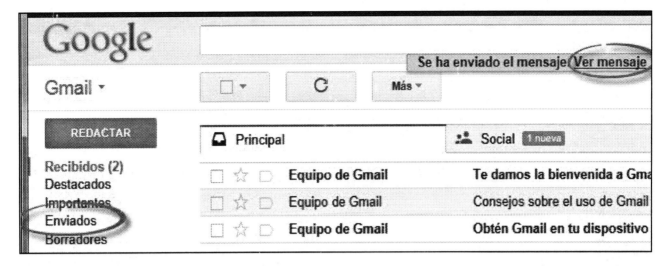

Fig. 3-12. El mensaje ya fue enviado y Gmail lo informa con la leyenda **Se ha enviado el mensaje**. Y para volver a ver el mensaje propone el enlace **Ver mensaje**. Otra alternativa para ver los mensajes que se mandaron es hacer clic en la sección **Enviados**.

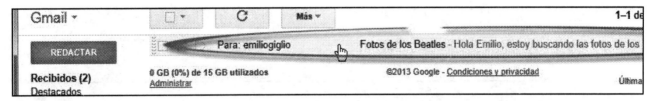

Fig. 3-13. Y una vez en **Enviados**, seleccionar el mensaje que se quiere ver.

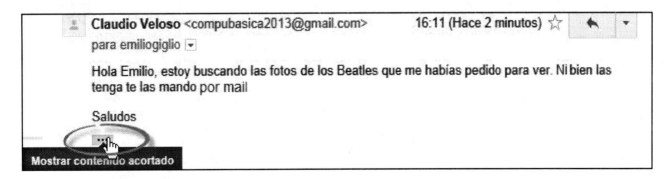

Fig. 3-14. El mensaje ya se puede ver tal como fue enviado y, llegado el caso, se lo puede volver a utilizar para reenviarlo a otra persona o para responderle al mismo destinatario, sumando un *mail* más a la cadena. Al hacer clic en el botón **Mostrar contenido acortado**, se podrá ver el *mail* completo.

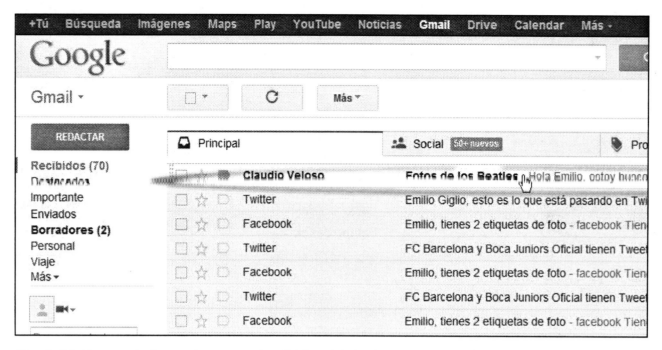

Fig. 3-15. El mensaje llega a la carpeta **Recibidos** del destinatario. Y éste hace clic sobre el *e-mail* para verlo en forma completa.

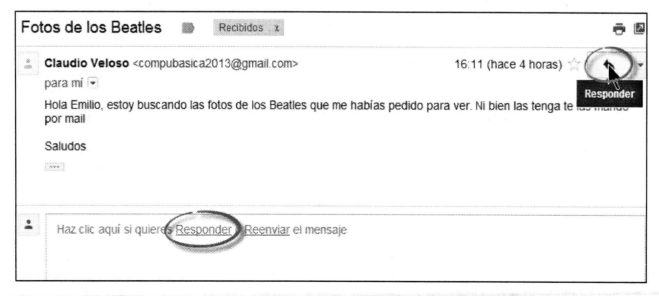

Fig. 3-16. Este es el *mail* recibido. Y haciendo clic en el botón o en el enlace **Responder** se puede contestar.

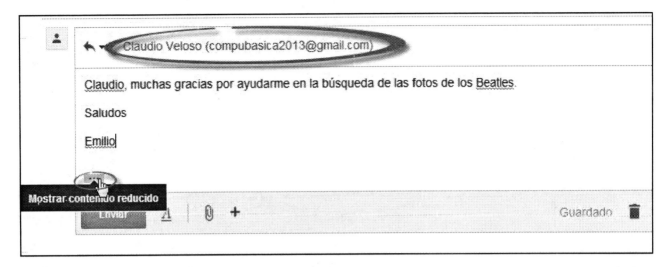

Fig. 3-17. El campo **Para** ya aparece con la dirección de quien va a recibir la respuesta. Entonces, solo hay que escribir el texto del mensaje. Y si se hace clic en el botón **Mostrar contenido reducido** se podrá ver el resto del texto que compone el mensaje.

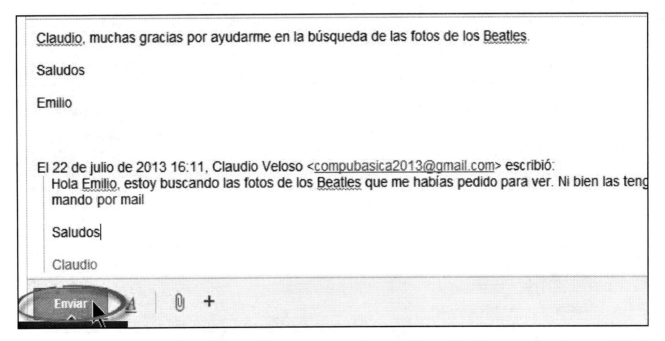

Fig. 3-18. Después de haber pulsado el botón **Mostrar contenido reducido**, aparece el texto original que se recibió y al cual se le está dando respuesta. Entonces, para despachar la respuesta, solo queda hacer clic en el botón **Enviar**.

Fig. 3-19. Cuando se genera una cadena de envío y recepción de mensajes (entre las mismas personas y bajo el mismo nombre de asunto), Gmail coloca un número (en este ejemplo, *2*) que lleva el conteo de todos los *mails* que componen la serie.

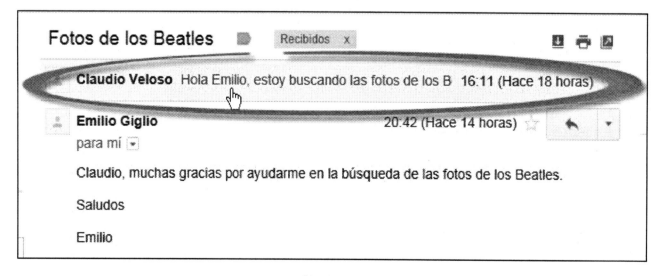

Fig. 3-20. La cadena de *mails* entre dos o más personas se van superponiendo y siempre queda arriba el último *mail* que se mandó o recibió. Para ver cualquiera de los anteriores, basta con hacer clic sobre ellos.

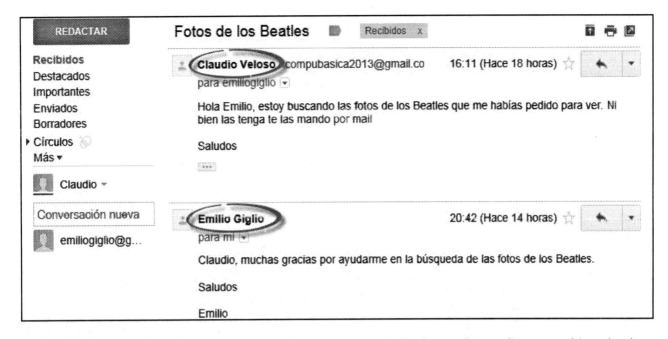

Fig. 3-21. Al hacer clic sobre un mensaje anterior, se abren todos los *mails* y se disponen ubicando al primer *mail* de la serie en la parte superior y a los posteriores a continuación.

■ Reenviar

Este recurso se utiliza para mandar a terceras personas un *mail* que ya se le mandó a otros destinatarios o que llegó de otro remitente.

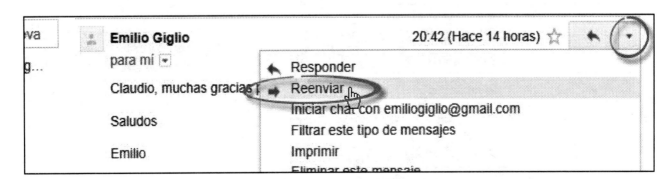

Fig. 3-22. Para reenviar un *mail*, primero hay que abrirlo y después hacer clic en el botón **Más**, que aparece a la derecha de **Responder**. Y cuando se abre el menú desplegable, seleccionar **Reenviar**.

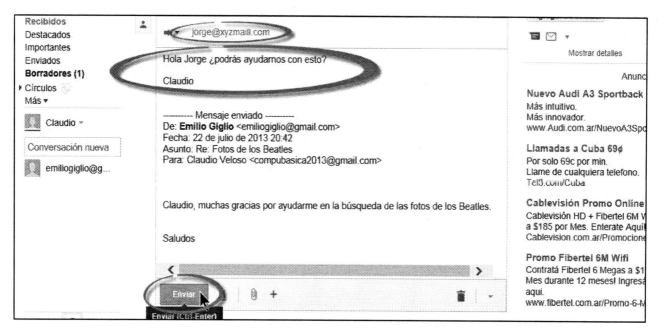

Fig. 3-23. En el campo **Para**, hay que escribir la dirección del nuevo destinatario. Después, se podrá agregar un texto adicional que acompañe al *mail* reenviado. Finalmente, hay que pulsar el botón **Enviar**.

■ Con copia y con copia oculta

Estas funcionalidades se utilizan para mandarle automáticamente una copia del *mail* a otras personas.

Fig. 3-24. Cuando se comienza a escribir una dirección de *e-mail* de alguien del que se recibió un mensaje, su dirección completa es sugerida por Gmail. Entonces, solo se trata de seleccionar la sugerencia para que aparezca completa en el campo **Para**.

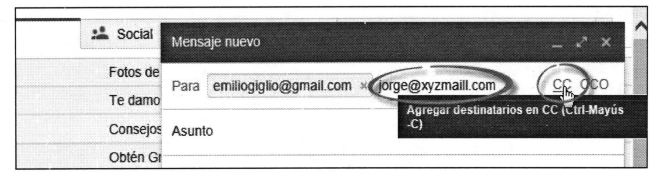

Fig. 3-25. En el campo **Para**, se puede consignar más de una dirección. Para esto, después de escribir una dirección se debe dejar un espacio antes de escribir la segunda. En caso de querer establecer más direcciones, se debe repetir el procedimiento. Y si se quiere copiar a otros en el campo **CC** (Con Copia), hay que hacer clic sobre el enlace **CC**.

Fig. 3-26. Una vez que se abre el campo CC (Con Copia), completarlo con la dirección.

Fig. 3-27. Al hacer clic sobre **Añadir CCO** (Con Copia Oculta), se abrirá otro campo en el que podrá escribirse la dirección de alguien que recibirá una copia del mensaje sin que los otros receptores puedan saberlo.

Copias de *mails*

Si el campo Para se completa con más de un destinatario, todos sabrán quiénes son los demás receptores.

Cuando se consigne a una o más personas en el campo CC (Con Copia), los receptores que figuran en Para estarán al tanto de aquellos que recibieron la copia y viceversa.

El que esté copiado en el campo CCO (Con Copia Oculta) podrá saber quiénes recibieron el *mail* pero nadie podrá enterarse que a él también le llegó.

Fig. 3-28. Así se podrían utilizar los campos de destinatarios. En este ejemplo, Gustavo (ubicado en *CCO*) sabe que Emilio y Jorge (en *Para*) recibieron un mensaje y que a Fernando (en *CC*) le llegó una copia. Emilio y Jorge están al tanto que ambos recibieron el *mail* y que Fernando fue copiado. Fernando sabe que él recibió una copia del mensaje que le mandaron a Emilio y a Jorge. Pero tanto Emilio, como Jorge y Fernando no podrán saber que Gustavo también recibió el mismo *e-mail*.

■ Características de texto

Los textos que componen un *mail* pueden ser editados usando diferentes estilos, tamaños, colores y fuentes de texto; así como también distintas alineaciones de párrafos y la posibilidad de incluir enlaces.

Fig. 3-29. A los textos de los mensajes, se les pueden cambiar el tamaño, el tipo y el color de la letra, entre otras características. Para esto, primero hay que pulsar el botón **Opciones de formato**, que aparece a la derecha del botón **Enviar** mensaje.

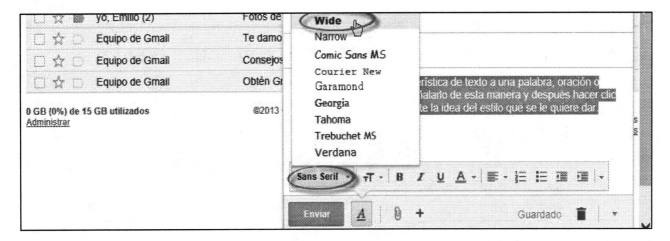

Fig. 3-30. Antes de aplicar una característica de estilo a una palabra, oración o párrafo, primero hay que hacer clic con el botón izquierdo del *mouse*, donde comienza la o las palabras a modificarle la apariencia, y mantenerlo presionado hasta que se termine de señalar todo el texto elegido.

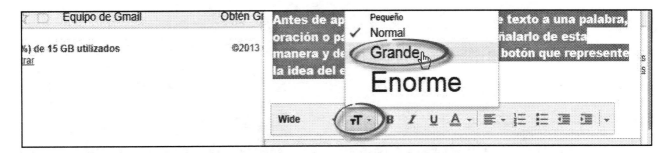

Fig. 3-31. En este ejemplo, después de señalar el texto se hizo clic en el botón **Fuente** (que tenía seleccionada la tipografía Sans Serif) y se eligió la fuente **Wide**.

Fig. 3-32. Pulsando el botón **Tamaño**, se accede a otras tres posibilidades de tamaño de letra. Y a través de los otros botones disponibles en la misma barra se podrán aplicar otros recursos al texto.

■ Borradores

No hace falta que los mensajes sean enviados ni bien se termina de redactarlos y tampoco hay problema en continuar su redacción en otro momento. Se los puede guardar como borrador y quedan a disposición hasta que uno lo requiera.

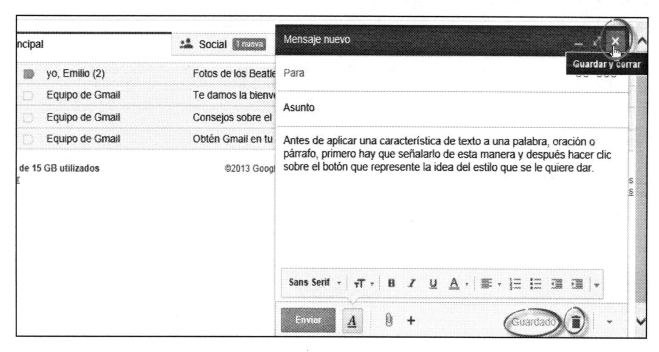

Fig. 3-33. Todos los mensajes que se escriben se van guardando automáticamente y, para verificarlo, en la barra inferior de la ventana de redacción debe decir **Guardado**. Igualmente, y si se quiere dejar el mensaje para otro momento sin que se pierda lo ya escrito, se deberá hacer clic en el botón **Guardar y cerrar** (identificado con una X y ubicado en el ángulo superior derecho de la ventana).

Fig. 3-34. Para acceder a ese mensaje guardado y no enviado, se deberá hacer clic en **Borradores**, ubicado en la columna izquierda de la página de Gmail.

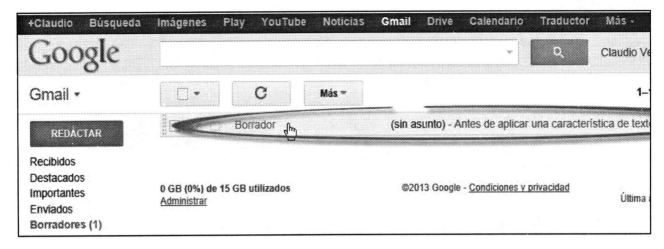

Fig. 3-35. Y cuando se acceda a **Borradores**, hacer clic sobre el mensaje elegido.

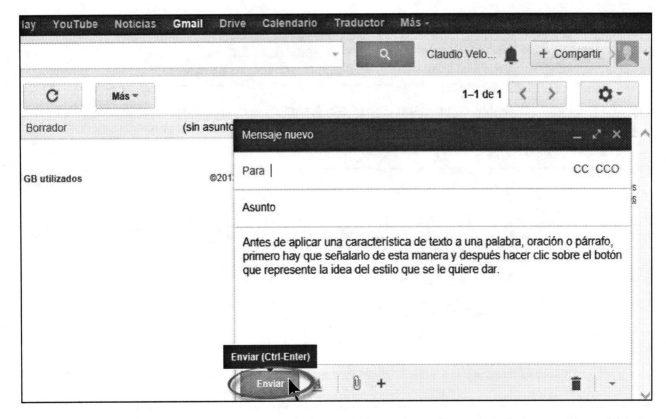

Fig. 3-36. Para despachar un mensaje guardado como borrador, solamente habrá que pulsar el botón **Enviar**. Después de esta acción, el mensaje ya no se guardará en **Borradores** sino en **Enviados**.

■ Enviar y recibir archivos adjuntos

Esta funcionalidad permite transferir cualquier archivo (documento de procesador de texto, planilla de cálculo, presentaciones, fotos y software, entre otros) por medio del correo electrónico.

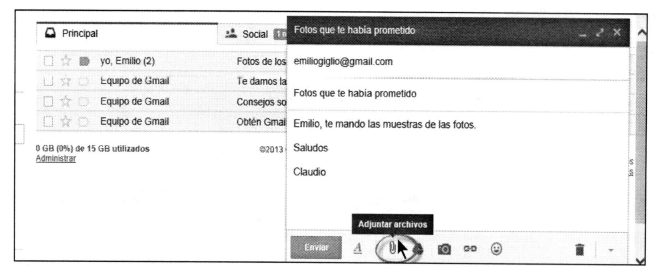

Fig. 3-37. Después de haber completado el *mail* con los datos correspondientes de los campos **Para** y **Asunto**, más el texto del mensaje, hay que hacer clic en el enlace **Adjuntar archivos**.

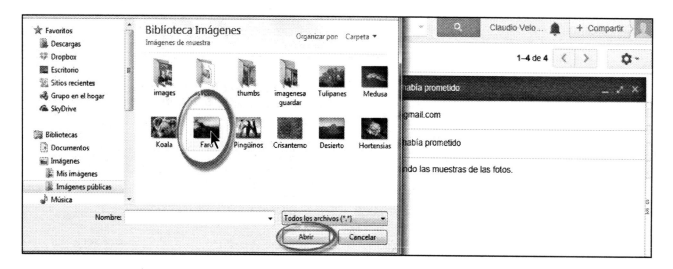

Fig. 3-38. Cuando se abra esta ventana, buscar el archivo, seleccionarlo haciendo un clic sobre él y después pulsar el botón **Abrir**.

Fig. 3-39. El archivo se comienza a cargar automáticamente y a su derecha se muestra una barra que indica el estado de este proceso.

Fig. 3-40. Gmail muestra el nombre, el tipo y el volumen del archivo cargado. En este ejemplo, Lighthouse.jpg. Para incluir otro archivo, hay que volver a hacer clic en **Adjuntar archivos** y repetir el procedimiento.

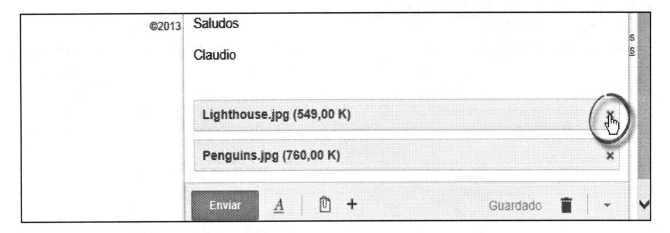

Fig. 3-41. Los archivos están listos para enviar. Pero si se quisiera eliminar alguno de ellos, solo hay que hacer clic en el botón X, ubicado a su derecha, para deshabilitar el envío de cada uno de ellos. Finalmente, pulsar el botón **Enviar** para despachar el mensaje con el o los archivos adjuntos.

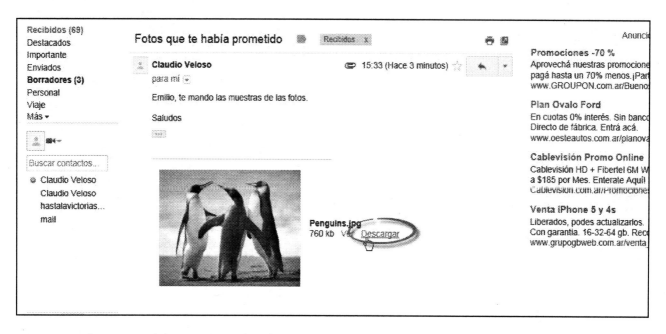

Fig. 3-42. El receptor del mensaje recibe el correo electrónico que incluye el archivo adjunto y debe hacer clic en el enlace **Descargar** (al costado del archivo adjunto) para que comience la descarga.

Fig. 3-43. Cuando aparece esta ventana, en la parte inferior de la ventana del navegador de Internet, hacer clic en **Guardar**.

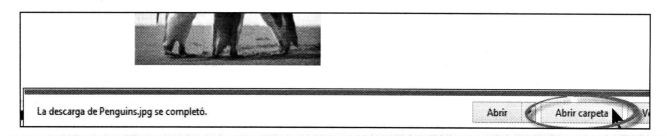

Fig. 3-44. Y una vez que el archivo se descargó, pulsar en **Abrir carpeta**.

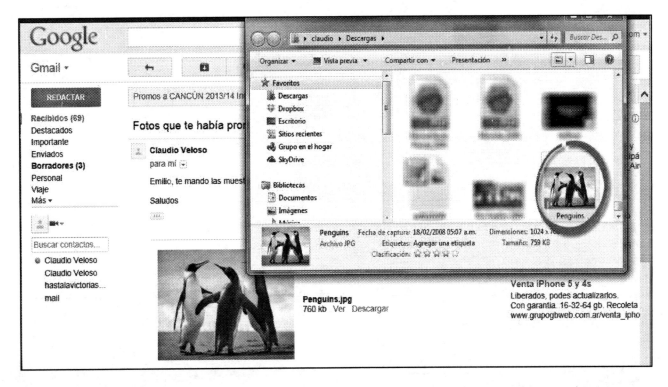

Fig. 3-45. Inmediatamente, se abrirá la carpeta que contiene el archivo adjunto ya descargado. Entonces, y para abrir el archivo, solamente. habrá que hacer doble clic sobre él como se hace para abrir cualquier otro archivo.

■ Principales controles

Estos son los menús y opciones más importantes o de uso más habitual en el servicio de Gmail.

Fig. 3-46. Para ampliar las opciones que se muestran en la columna izquierda, hay que hacer clic en el menú **Más**.

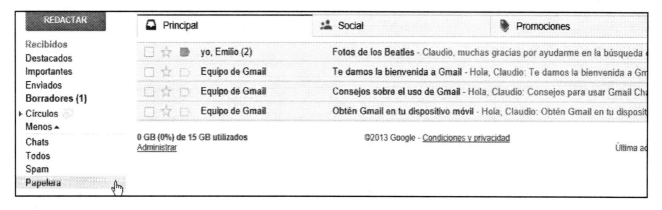

Fig. 3-47. Enseguida, aparecerá el listado completo del menú, en el que se encuentra, por ejemplo, la **Papelera** (que recibe los mensajes eliminados) y **Spam** (que guarda los mensajes no solicitados, llamados también correo basura).

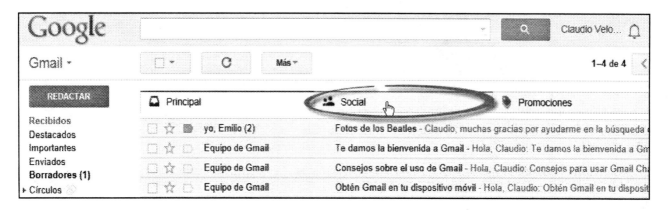

Fig. 3-48. Gmail ordena los mensajes en tres solapas. Para ver el contenido dentro de ellas, hacer clic sobre su nombre. Y para configurar las solapas se debe pulsar sobre la cuarta solapa identificada con el símbolo **+**.

REDACTAR	Principal	Social	Promociones
Recibidos		Facebook	**Tu video está listo** - facebook Your video is now ready to view on Facebook! F
Destacados		Facebook	**Claudio, tus amigos de Buenos Aires te están esperando** - facebook Claud
Importantes		Facebook	**Personas que tal vez conozcas de Buenos Aires** - facebook Es posible que
Enviados		Facebook	**Emilio Giglio confirmó tu solicitud de amistad en Facebook** - facebook Cla
Borradores (1)		Facebook	**¡Te damos la bienvenida a Facebook!** - facebook Hola, Claudio: Se creó tu c
Círculos			
Menos ▲			

Fig. 3-49. En la solapa **Social**, se muestran los mensajes referidos a los servicios de redes sociales.

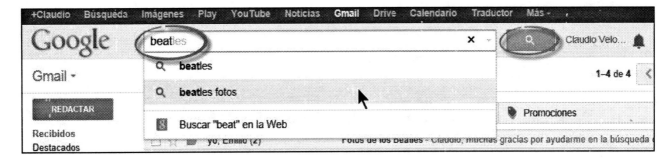

Fig. 3-50. Para buscar mensajes anteriores, se debe escribir (en el cuadro de ingreso de texto ubicado en la parte superior de la página) alguna palabra clave o de referencia que podía estar incluida en ese o esos mensajes y pulsar el botón con el logo de la lupa. Igualmente, y a medida que se escribe, aparecen opciones que pueden seleccionarse.

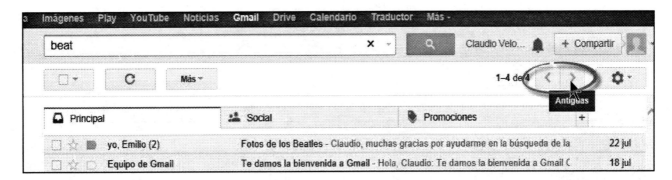

Fig. 3-51. Cuando la cantidad de mensajes superen el espacio vertical de la página, se podrán ver los mensajes anteriores usando los controles que se muestran en esta imagen.

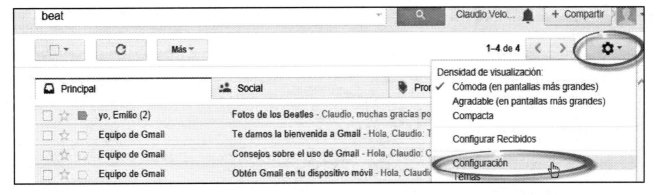

Fig. 3-52. Para ajustar y personalizar el servicio de Gmail, se debe hacer clic en el botón **Configuración** y, cuando se abre el desplegable, seleccionar la opción **Configuración**.

■ Ayuda

Los que necesiten o quieran conocer más sobre las funcionalidades de Gmail pueden recurrir a la ayuda y visita guiada que se ofrece en la página de servicio.

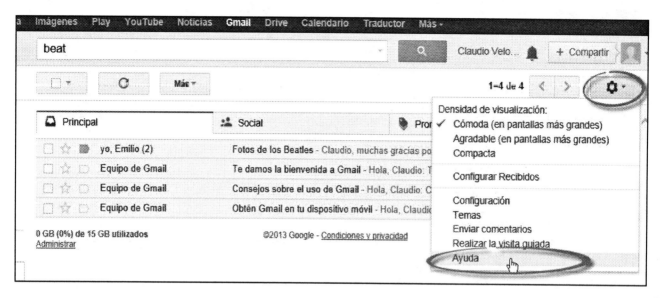

Fig. 3-53. Hacer clic en el botón **Configuración** y, cuando se abra el menú desplegable, seleccionar **Ayuda**. También, y arriba de esa opción, se puede elegir **Realizar la visita guiada**, si la idea es hacer un recorrido general.

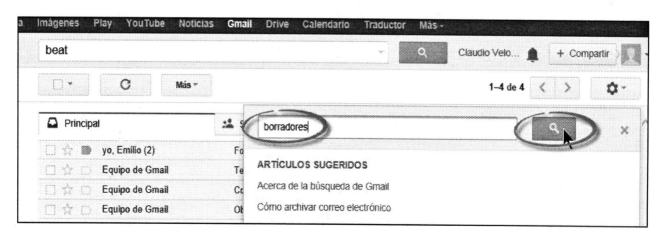

Fig. 3-54. Cuando se abra la ventana de Ayuda, se podrá hacer clic en algún tema ofrecido o bien escribir el tema a consultar y hacer clic en el botón de búsqueda.

■ Ingresar y salir del servicio

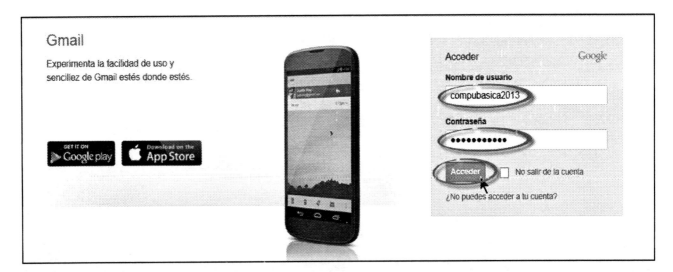

Fig. 3-55. Cuando ya se tenga creada una cuenta en Gmail, para ingresar y usar el servicio se debe ir hasta la dirección www.gmail.com y, cuando aparezca esta página, escribir el nombre de usuario (no es necesario completar con @gmail.com) y la clave de acceso y después pulsar el botón **Acceder**.

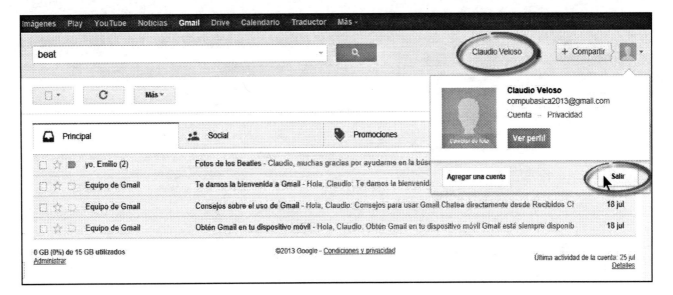

Fig. 3-56. Para salir del servicio sin que otra persona que usa la computadora pueda acceder a esta cuenta, se debe pulsar sobre el nombre de usuario (ubicado en la parte superior de la página) y después hacer clic en el botón **Salir**, que aparece en la ventana emergente.

Capítulo 4

Redes sociales:
Facebook

Las redes sociales son espacios virtuales para encontrarse con viejos y nuevos amigos, intercambiar experiencias, compartir imágenes y enlaces, participar de juegos, informarse y conversar en línea, entre otras funcionalidades.

Actualmente, existe una gran cantidad de redes sociales como MySpace (www.myspace.com), Hi5 (www.hi5.com), Sonico (www.sonico.com), Linkedin (www.linkedin.com), Twitter (www.twitter.com) y Facebook (www.facebook.com).

Como todas estas redes comparten el mismo principio de funcionamiento y hasta de servicios, en este libro, se tomará como ejemplo a Facebook, que hoy en día es la que cuenta con mayor crecimiento y popularidad.

■ Abrir una cuenta

Ni bien se ingresa al sitio de Facebook, se puede leer un mensaje que dice: "Facebook te ayuda a comunicarte y compartir tu vida con las personas que conoces". Y aunque esta frase pueda parecer muy pretenciosa, para millones de usuarios se convirtió en una realidad cotidiana.

Formar parte de esta red es muy fácil. Solamente, se le pide al usuario que ingrese sus datos personales (hasta el punto en que cada uno se sienta cómodo) y que consigne una dirección de correo electrónico. Por esto último, y si aún no se posee una cuenta de *e-mail* abierta, es conveniente crearla siguiendo los pasos descriptos en el Capítulo 3 de esta obra.

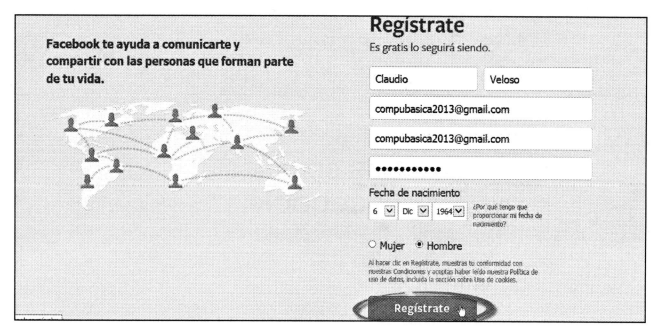

Fig. 4-1. Ir con el navegador hasta la dirección **www.facebook.com**. Una vez allí, completar los datos que se solicitan: nombre y apellido, dirección de correo electrónico, contraseña que quiera utilizar, sexo y fecha de nacimiento. Después, hacer clic en **Regístrate**.

Fig. 4-2. En el Paso 1, Facebook propone buscar amigos en la cuenta de correo electrónico que se consignó (en este ejemplo, de Gmail) o en otros servicios. Los que quieren hacerlo deberán hacer clic en **Buscar amigos**. En cambio, si la idea es seguir con la configuración e ir al Paso 2, se debe hacer clic en **Omitir este paso** (que es lo que se hizo en este ejemplo).

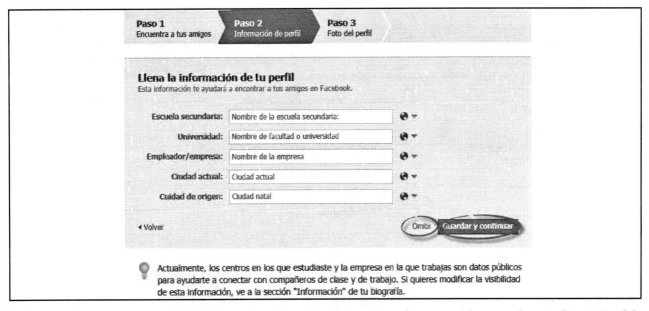

Fig. 4-3. Completar los datos del Paso 2 y después pulsar **Guardar y continuar** o hacer clic en **Omitir** para ir al Paso 3 (en este ejemplo, se optó por la última alternativa).

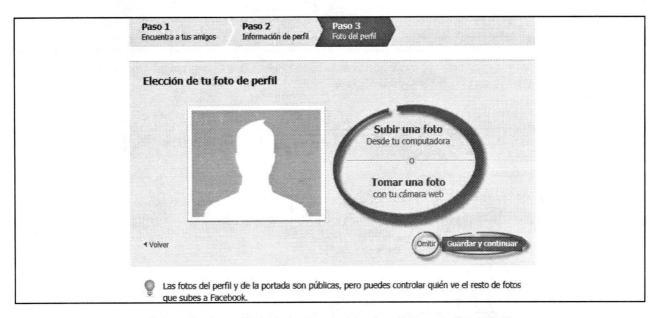

Fig. 4-4. En el Paso 3, se pregunta si se quiere cargar una foto personal. En caso de aceptar, hacer clic en **Subir o Tomar una foto**, seguir el procedimiento y después hacer **Guardar y continuar**. Si se lo quiere dejar para más tarde, pulsar el enlace **Omitir** (para este ejemplo, se tomó la última opción).

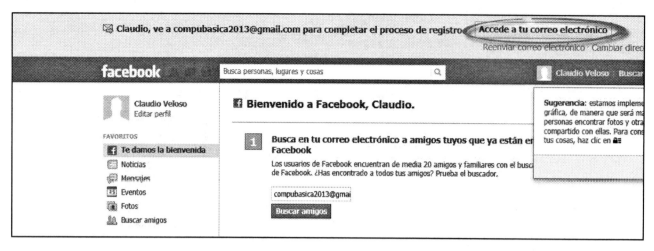

Fig. 4-5. Como la cuenta de Facebook aún no está validada, aparece un aviso en el borde superior de la pantalla. Hacer clic sobre el enlace **Accede a tu correo electrónico** para cumplir con la validación.

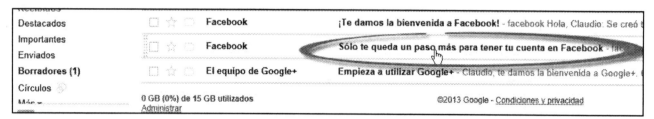

Fig. 4-6. Al ingresar al servicio de correo electrónico, hacer clic sobre el mensaje titulado **Sólo te queda un paso más para tener tu cuenta en Facebook**.

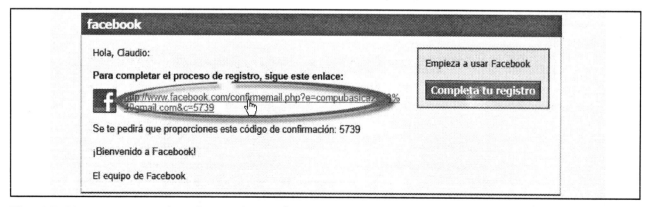

Fig. 4-7. Una vez que se abre el mensaje, confirmar la cuenta de Facebook haciendo clic en el enlace que se muestra.

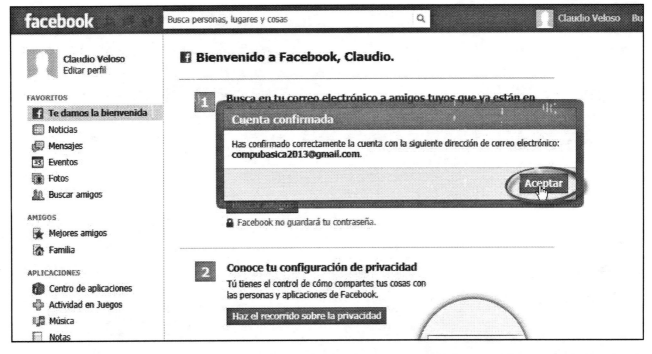

Fig. 4-8. Cuando aparezca una ventana como la de esta imagen, que advierte que la cuenta de Facebook ya está confirmada, hacer clic en **Aceptar**.

Fig. 4-9. Ahora sí, ya es tiempo de tomarse unos minutos para completar los datos personales que se mostrarán desde Facebook. Para esto, hay que hacer clic en **Editar tu perfil**, que aparece en la parte superior izquierda de la página de Facebook.

Fig. 4-10. Los datos de información no son obligatorios y se completan escribiendo en los cuadros de ingreso de texto o haciendo clic en los enlaces que aparecen (en este ejemplo, se pulsó sobre Agrega tu ciudad actual). Y en caso de querer modificar algún dato consignado, solo habrá que pulsar el botón **Editar** o en la **X** (para eliminar) que aparece en cada uno de ellos.

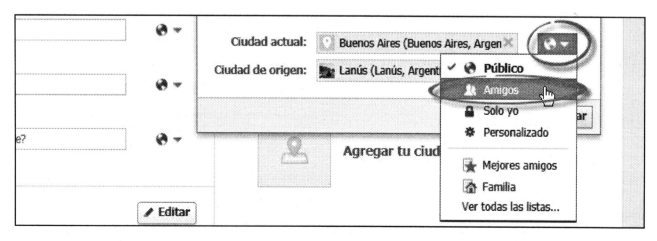

Fig. 4-11. Para determinar quiénes podrán ver los datos que se consignen en cualquier publicación de Facebook, al costado de las mismas aparece un menú desplegable que permite hacer la elección más apropiada para cada usuario.

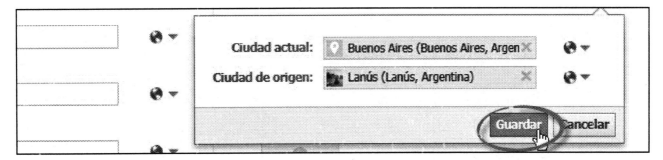

Fig. 4-12. Después de completar los datos , pulsar el botón **Guardar**.

Fig. 4-13. Para ver cómo van a ser vistos los datos propios por cualquier usuario de Facebook, se tendrá que pulsar sobre el menú desplegable que se muestra en esta imagen y después en **Ver como...**

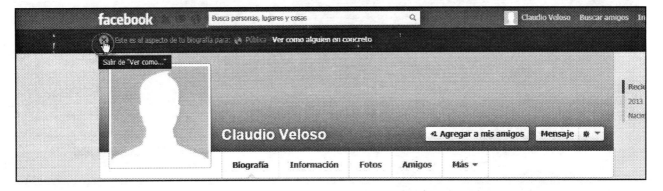

Fig. 4-14. A continuación, Facebook mostrará el perfil propio tal cual lo podrá ver cualquier otro usuario (en este caso, Público). Para salir de esta muestra, pulsar el botón **Salir de "Ver como..."**.

Fig. 4-15. Para complementar los datos con una fotografía (que se tenga guardada en la computadora o en otro dispositivo de almacenamiento), hay que hacer clic en **Agrega una foto de perfil**.

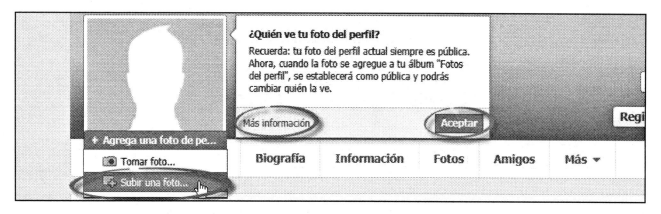

Fig. 4-16. Cuando se abra el menú desplegable, seleccionar **Subir una foto...**

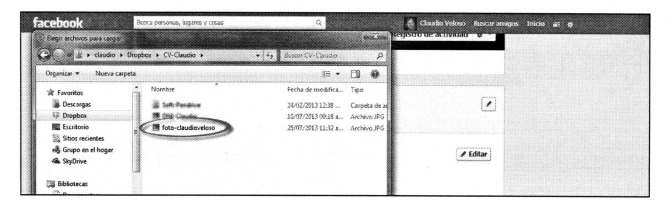

Fig. 4-17. Cuando se abra una ventana como esta, buscar la imagen que se quiere subir y, cuando se la encuentre, hacer clic sobre ella y después pulsar el botón **Abrir**, que aparece abajo.

Fig. 4-18. La imagen ya está cargada. Para ajustar su ubicación o el tamaño, hacer clic en **Editar foto de perfil** y después en **Edición finalizada**. Si se la quisiera borrar, elegir la opción **Eliminar**. Y si la idea es cambiarla por otra, pulsar **Subir una foto**. Otra alternativa es seleccionar **Tomar foto** para autorretratarse utilizando la cámara de video (también llamada *webcam*) que puede tener incorporada e instalada la computadora que se esté usando.

Fig. 4-19. Los que quieran personalizar la apariencia de su Facebook pueden incluir una foto de portada (que se mostrará en todo el ancho de la página). Para esto, se tiene que hacer clic en el botón **Agregar una portada**.

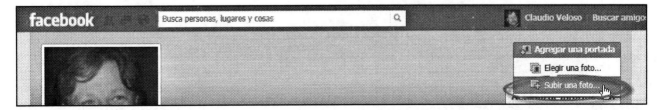

Fig. 4-20. Cuando se abra el menú desplegable, hay que elegir la opción **Subir una foto** y a continuación buscar y abrir la foto elegida tal como se hizo en la **Fig. 4-17**.

Fig. 4-21. Cuando la foto ya esté subida, se la podrá mover haciendo clic sobre ella y, sin dejar de pulsar el botón del *mouse*, arrastrarla hasta lograr la ubicación pretendida. Al finalizar, hacer clic en el botón **Guardar cambios**. Y si se quisiera cambiar la imagen, pasar el *mouse* sobre ella hasta que aparezca el botón **Cambiar portada** y hacer clic sobre él.

Fig. 4-22. Así se ven las fotos de perfil y de portada ya subidas. Para ir hasta la página de **Inicio** de Facebook, se puede hacer clic sobre su nombre, que siempre aparece en la parte superior izquierda de la página.

■ Buscar personas, hacer amigos y seguir páginas

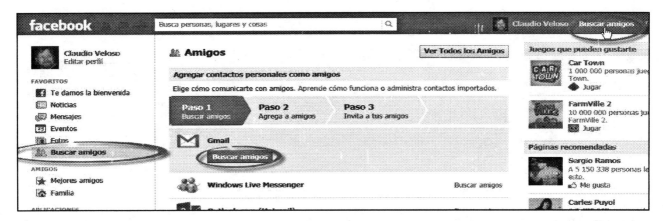

Fig. 4-23. Después de pulsar en alguno de los dos botones para **Buscar amigos**, se ofrece la posibilidad de realizar una búsqueda a través de los contactos que uno ya tenga en los servicios de Gmail, Windows Live Messenger u otros. Si se quisiera utilizar esta opción, habrá que pulsar el botón o enlace de **Buscar amigos** correspondiente y seguir los pasos que se solicitan.

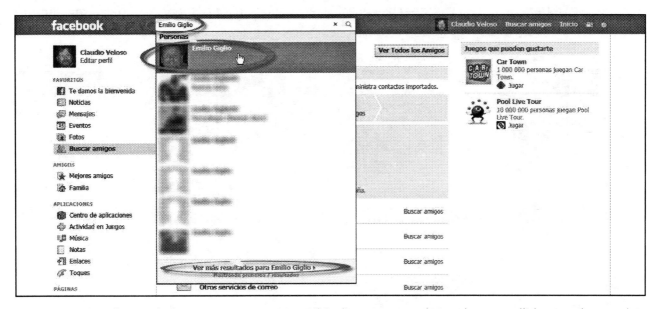

Fig. 4-24. Otra forma de buscar personas es escribir directamente su nombre y apellido y ver los resultados que van apareciendo. Cuando se vea uno que coincida con la búsqueda, solo hay que hacer clic sobre él. Y si no se muestra entre las primeras opciones, seleccionar el enlace **Ver más resultados para...**, que aparece al final del listado.

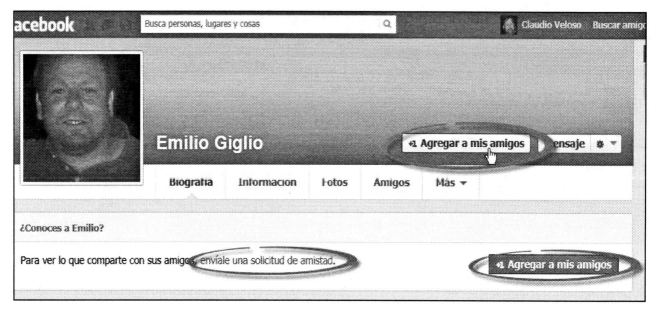

Fig. 4-25. Después de haber seleccionado a un usuario de Facebook, inmediatamente, se mostrará su biografía. Antes de solicitarle amistad, es recomendable verificar si trata de la misma persona que se está buscando. Para esto, se pueden ver sus secciones de Información, Fotos y Amigos. Y una vez que se aseguró de que se trata de la persona correcta, hacer clic en alguno de los botones **Agregar a mis amigos** o **envíale una solicitud de amistad**.

Fig. 4-26. A continuación del paso anterior, se confirmará que la solicitud de amistad fue enviada.

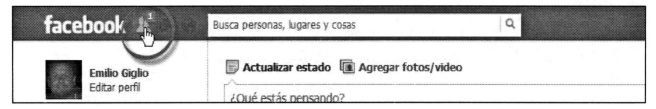

Fig. 4-27. El amigo (en este ejemplo, Emilio Giglio) al que se le ha enviado la solicitud de amistad recibirá una alerta (en color rojo) en el menú de Solicitud de amistad de su página de Facebook. Entonces, se deberá hacer clic en ese botón para ver de qué se trata.

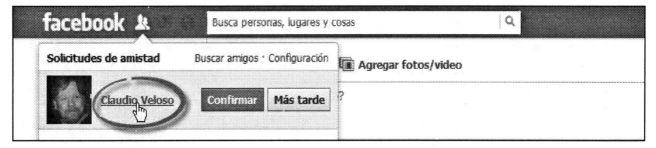

Fig. 4-28. Y una vez que se abre el menú desplegable se puede ver que llegó una solicitud. Antes de confirmarla, es conveniente hacer clic sobre el nombre del solicitante para comprobar más efectivamente de quién se trata.

Fig. 4-29. Y después de verificar quién es el solicitante (de la misma manera que se sugirió en la **Fig. 4-25**), hacer clic en los botones de **Confirmar la solicitud** o **Responder a la solicitud de amistad**.

Fig. 4-30. Si la solicitud es aceptada, el que la solicitó (en este ejemplo, Claudio) recibe una alerta (en color rojo) en el menú **Notificaciones** de Facebook y hace clic en ella.

Fig. 4-31. Al desplegarse el menú, aparece la notificación.

Fig. 4-32. En la columna derecha de Facebook, se ofrece seguir páginas de gente u organizaciones. Haciendo clic en la imagen o en el nombre de cada una de ellas se puede ver de qué se trata. Y si se hace clic en el botón **Me gusta** se comienza el seguimiento de estas páginas.

Fig. 4-33. Lo que publican los amigos (en este ejemplo, Emilio) y las páginas a las que se comenzó a seguir ya aparece publicado en las **Noticias** propias de Facebook.

Todo lo que se publica en el cuadro de ingreso de texto de **Noticias** y de **Biografía** aparece publicado en las **Noticias** propias y en las de todos los amigos que se tengan en Facebook. Y también, todo lo que publican los amigos se refleja en las **Noticias** propias.

■ ¿Qué estás pensando?

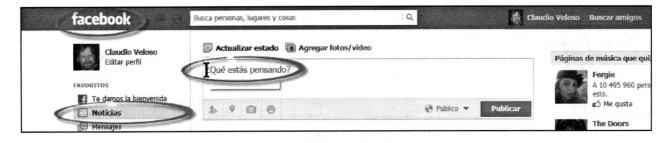

Fig. 4-34. Hacer clic en el logo de Facebook o en la sección **Noticias** y cuando aparezca el cuadro que dice **¿Qué estás pensando?**, hacer clic dentro de él.

Fig. 4-35. Escribir el mensaje que se quiera comunicar a los amigos de Facebook. Después, pulsar el botón que permite establecer el público con el cual se quiere compartir el mensaje (en este ejemplo, se eligió **Amigos** para que solo ellos puedan verlo) y finalmente hacer clic en **Publicar**.

Fig. 4-36. La publicación realizada ya aparece en la sección de **Noticias** propia y también en la de los amigos de Facebook.

Fig. 4-37. Otra alternativa para publicar en **¿Qué estás pensando?** es hacer clic en el botón **Biografía** (ubicado en la barra superior de Facebook y que lleva el nombre del usuario). Allí aparecerá el cuadro para escribir lo que se está pensando.

Fig. 4-38. Y después repetir el procedimiento realizado en la **Fig. 4-35**.

■ Publicar fotos, videos y álbumes

Cualquiera de las fotos y videos que se tengan en la computadora o en un dispositivo de almacenamiento pueden subirse a Facebook para que las vean todos los amigos.

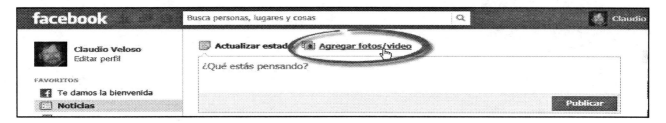

Fig. 4-39. Seguir el procedimiento de la **Fig. 4-34**, pero en esta oportunidad primero hacer clic en el enlace **Agregar fotos/video**.

Fig. 4-40. Después, pulsar sobre el enlace **Subir fotos/video**.

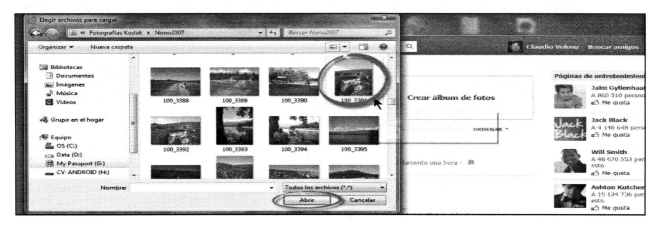

Fig. 4-41. Buscar la foto en la computadora (o en cualquier otro medio de almacenamiento conectado a ella), seleccionarla haciendo clic sobre ella y luego pulsar el botón **Abrir**.

Fig. 4-42. La foto comienza a cargarse y el progreso de esta acción se grafica en la barra que aparece adentro del cuadro **Agregar fotos/video**.

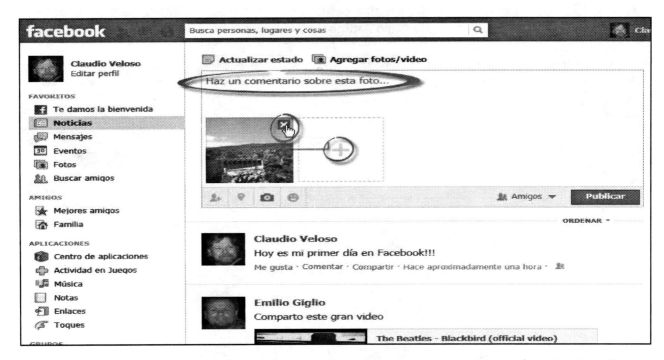

Fig. 4-43. Cuando la foto ya esté cargada, se verá adentro del cuadro **Agregar fotos/video**. Si se la quisiera eliminar, habrá que pasar el *mouse* sobre ella y, cuando aparezca el ícono de la **X**, pulsar sobre él. En caso de querer sumar otra foto, no habrá más que hacer clic sobre el ícono **+** que aparece al costado. Y si se quisiera acompañar a la imagen con algún texto de presentación o referencia se tendrá que hacer clic en **Haz un comentario sobre esta foto**.

Fig. 4-44. Si se optó por escribir un comentario, después de hacerlo seleccionar primero el público que podrá ver esta foto (en este ejemplo, se eligió **Amigos**) y después pulsar el botón **Publicar**.

Fig. 4-45. Y así aparecerá publicada la foto en las **Noticias** propias y en las de los amigos de Facebook.

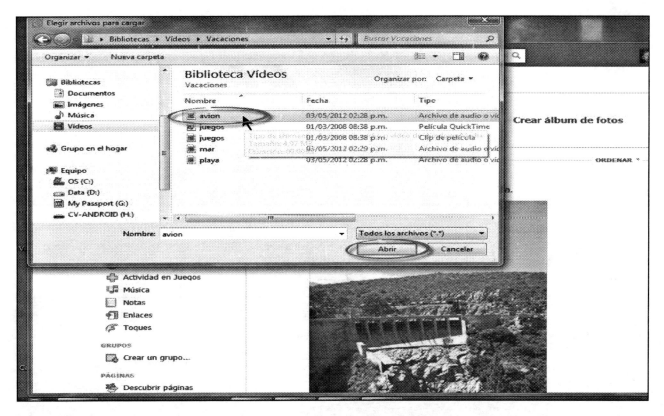

Fig. 4-46. Para publicar un video, repetir los pasos de las **Fig. 4-39** y **Fig. 4-40**. Luego buscar el video a subir, seleccionarlo haciendo clic sobre él y después pulsar el botón **Abrir**.

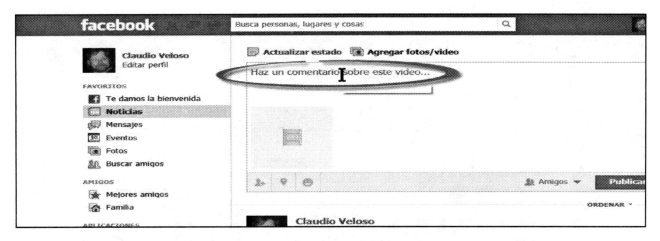

Fig. 4-47. A continuación, se puede agregar un texto que acompañe al video. Para esto, se tiene que pulsar donde aparece el texto **Haz un comentario sobre este video**.

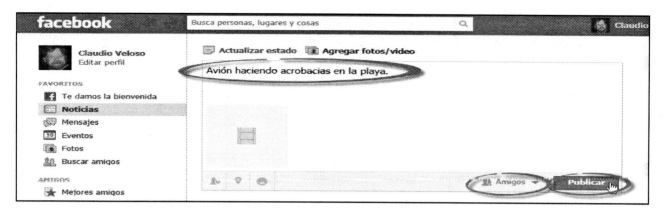

Fig. 4-48. Y una vez que se escribió el texto, seleccionar al público al que se le quiere compartir el video eligiendo alguna de las opciones que se muestran después de hacer clic en el botón que aparece a la izquierda de **Publicar**. Y finalmente pulsar en el botón **Publicar**.

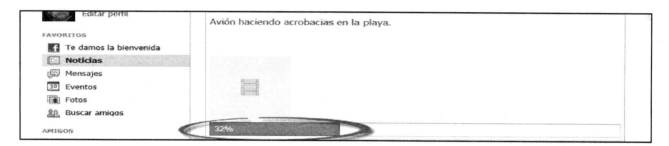

Fig. 4-49. El progreso de la carga del video se podrá ver en la barra que aparece adentro del cuadro de publicación.

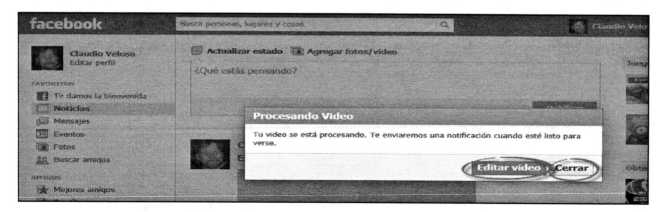

Fig. 4-50. Durante la carga del video, aparecerá una ventana como esta en la que se podrá pulsar el botón **Editar video** (para ajustar detalles del mismo) o el de **Cerrar** (si no se realizará ninguna edición).

Fig. 4-51. La notificación que advierte que el video ya fue cargado aparece (con un número rojo) en el menú **Notificaciones**. Entonces, hacer clic sobre él para tomar nota del aviso.

Fig. 4-52. Cuando el video ya publicado aparezca en las **Noticias** propias y de los amigos de Facebook, solo hay que hacer clic sobre él para que comience a ejecutarse.

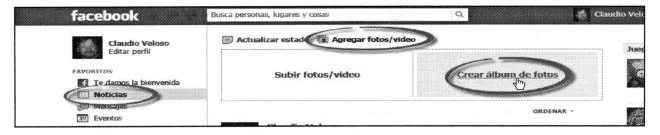

Fig. 4-53. Para crear y cargar un álbum de fotos, se tiene que pulsar en **Agregar fotos/video** y después en la opción **Crear álbum de fotos**.

Fig. 4-54. Hacer clic en el campo **Álbum sin título**, ubicado en el ángulo superior izquierdo.

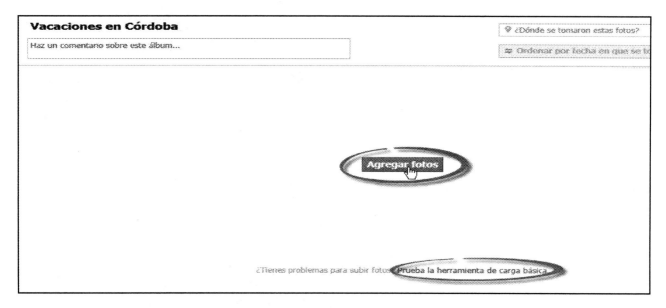

Fig. 4-55. Después de escribir el título del álbum (en este ejemplo, Vacaciones en Córdoba), pulsar el botón **Agregar fotos**. Y si no se pasara a una página nueva, hacer clic en el enlace **Prueba la herramienta de carga básica** para solucionar el problema de carga.

Fig. 4-56. Cuando se abra la página de carga, hacer clic en el primer botón **Examinar**.

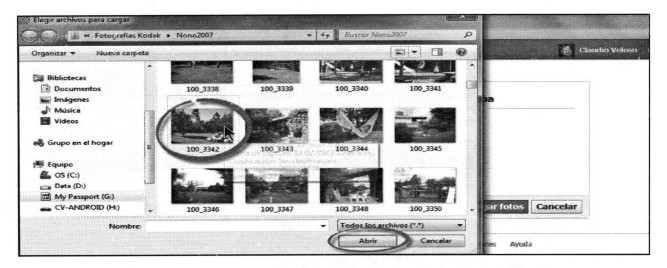

Fig. 4-57. Buscar la primera imagen a cargar. Una vez que se la encontró, hacer clic sobre ella y después pulsar el botón **Abrir**.

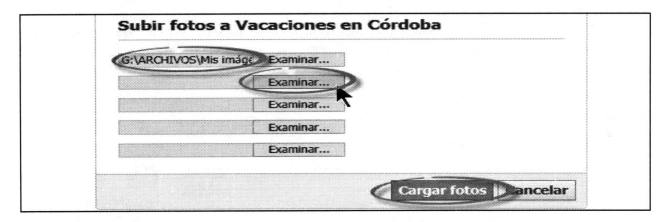

Fig. 4-58. Después de que se cargó la primera foto, pulsar el próximo botón **Examinar** y repetir el procedimiento hasta que se carguen las siguientes imágenes. Una vez que se terminó la carga (o que se completaron las primeras cinco), pulsar el botón **Cargar fotos**.

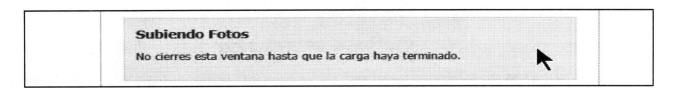

Fig. 4-59. Facebook pide que no se cierre la ventana hasta que se carguen las imágenes.

Fig. 4-60. El álbum con las fotos ya cargadas se muestra en página. Pulsando el botón **Agregar más fotos** se pueden cargar más imágenes, a través del botón que aquí aparece identificado como **Solo yo** se puede determinar quiénes podrán ver las fotos. Haciendo clic en **Haz un comentario sobre esta foto** se ofrece la posibilidad de escribir un texto que acompañe a cada imagen. Y para concluir el proceso y que aparezcan publicadas se tendrá que pulsar el botón **Finalizar**.

Fig. 4-61. El álbum con sus fotografías ya aparece en las **Noticias** propias (a la que se llega haciendo clic en el logotipo de Facebook) y a las de los amigos (si es que fueron seleccionados para acceder a esta publicación).

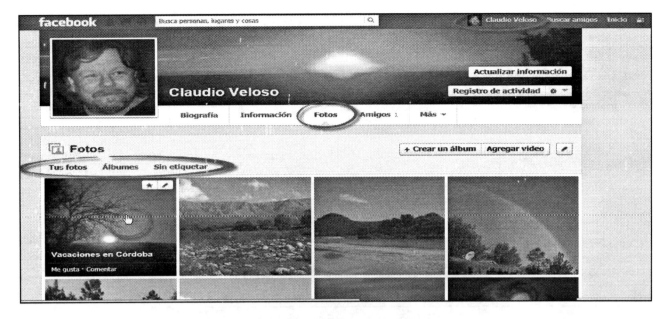

Fig. 4-62. Si en cualquier momento se quieren ver los álbumes, las fotos y los videos, solo hay que pulsar el botón **Biografía** (identificado con el nombre del usuario) y después la opción **Fotos**. Si se quisiera ver en detalle alguna foto, solo hay que hacer clic sobre ella.

Fig. 4-63. Y no solo se puede ver la foto en mayor tamaño sino que también se le pueden realizar algunas configuraciones o ajustes, como la que se ofrece desde el botón **Editar**.

Fig. 4-64. Para editar un álbum de fotos, se debe hacer clic en el botón **Biografía** (identificado con el nombre del usuario y ubicado en la barra superior de la página de Facebook), después en la sección **Fotos** y finalmente en **Álbumes**. Cuando se muestren todos los disponibles, hacer clic en el nombre del álbum elegido.

Fig. 4-65. Finalmente, y al ingresar al álbum, se podrán agregar más fotos y realizar una edición general de datos del álbum, entre otras opciones. También se puede editar cualquiera de las fotos haciendo clic sobre ellas.

■ Me gusta, comentar y Compartir

Cada elemento que aparece publicado dispone de tres enlaces para que los amigos puedan decir si les gusta, además de tener la opción de dejar un comentario o compartir con otros amigos.

Fig. 4-66. Para decir que gusta algo que publicó un amigo (y hasta uno mismo), basta con hacer clic sobre el enlace **Me gusta**, que aparece abajo de cada publicación.

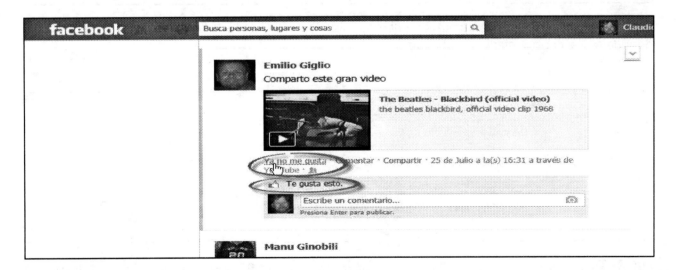

Fig. 4-67. Después de haber cumplido con el paso anterior, aparece la frase **Te gusta esto**. En caso de arrepentirse, se puede hacer clic en **Ya no me gusta**.

Fig. 4-68. Otra posibilidad es dejar un comentario. Para esto, hay que hacer clic directamente en el enlace **Comentar** o directamente comenzar a escribir en el campo **Escribe un comentario**.

Fig. 4-69. Finalizada la escritura del comentario, pulsar la tecla **Enter** o **Intro** del teclado de la computadora para que el comentario se publique.

Fig. 4-70. Los comentarios ya publicados se pueden editar. Para hacerlo, hay que pasar el puntero del *mouse* por arriba del comentario y, cuando aparezca el botón **Editar o Eliminar** (que tiene el ícono de un lápiz), hacer clic sobre él hasta que abra su menú desplegable. Y allí elegir la opción **Editar**.

Fig. 4-71. Editar el comentario, agregando o eliminando texto, y después pulsar la tecla **Enter** o **Intro** del teclado de la computadora.

Fig. 4-72. El comentario realizado aparece publicado y con la edición realizada. Y Facebook advierte que se pueden ver las ediciones anteriores haciendo clic en el botón **Editado**. Finalmente, y después de leer este aviso, pulsar el botón **Aceptar**.

Fig. 4-73. Para eliminar un comentario, hay que repetir el procedimiento de la **Fig. 4-70** pero finalmente hay que elegir la opción **Eliminar**.

Fig. 4-74. La tercera alternativa es llevar el contenido del amigo a la biografía propia. Para esto, hay que pulsar el botón **Compartir** del contenido elegido.

Fig. 4-75. Y cuando se abra un ventana como esta, se podrá agregar o no un texto de presentación y seleccionar quiénes podrán ver el contenido (en este ejemplo, se seleccionó **Amigos**). Finalmente, hay que pulsar el botón **Compartir enlace**.

Fig. 4-76. El contenido aparece publicado en las **Noticias** propias y en la de todos los amigos. Y para verlo (como en este caso se trata de un video), solo hay que hacer en la imagen.

Fig. 4-77. El contenido compartido también aparece en la sección **Biografía**, a la que se llega pulsando el botón **Biografía**, que lleva el nombre del usuario de Facebook y está ubicado en la barra superior.

■ Publicar enlaces

Facebook ofrece la posibilidad de publicar cualquier tipo de enlace desde sus páginas. De esta manera, se pueden enlazar videos o páginas Web que, al hacer clic sobre sus enlaces, se comienza a reproducir el video o se accede a la información, respectivamente.

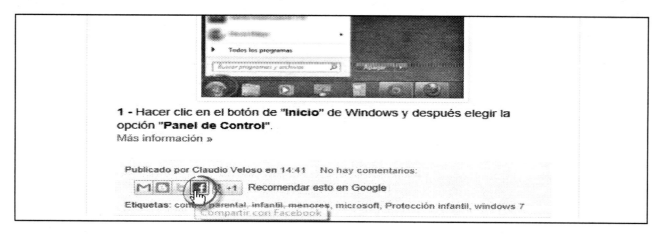

Fig. 4-78. Cada vez es más usual que muchos de los contenidos disponibles en la Web tengan botones que al hacer clic sobre ellos comparten esa página en Facebook y otras redes sociales. En el ejemplo que se ve en esta imagen, se hizo clic en el botón de Facebook.

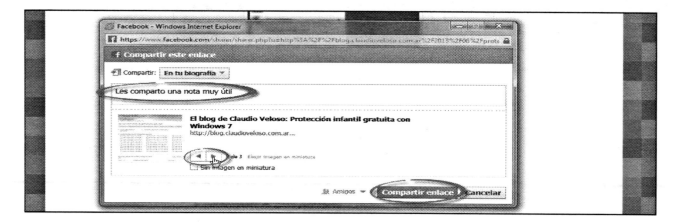

Fig. 4-79. En la ventana que aparece después, se puede escribir un texto que presente o relacione al contenido. Luego se podrá elegir la imagen en miniatura que mejor represente lo compartido y finalmente se debe hacer clic en el botón **Compartir enlace**.

Fig. 4-80. El contenido se ha publicado satisfactoriamente y cualquiera que haga clic sobre su título o imagen podrá verlo en forma completa ya que será redirigido a la nota de referencia.

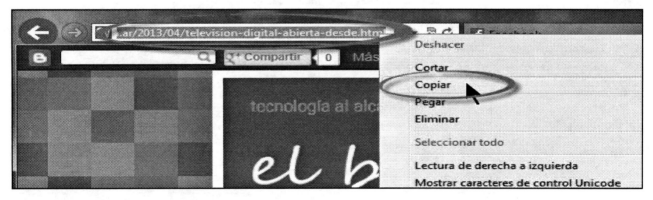

Fig. 4-81. Otra forma de publicar un video es copiar la dirección que se muestra en el navegador (en el momento que se está viendo la página que muestra el contenido a compartir). Para esto, hay que seleccionar la dirección que se muestra en la barra de direcciones del navegador, después hacer clic con el botón derecho del *mouse* sobre ella y, cuando aparece el menú desplegable, seleccionar **Copiar**.

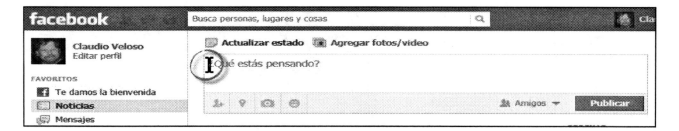

Fig. 4-82. Después hay que ir al **¿Qué estás pensando?** de Facebook y hacer clic dentro de él.

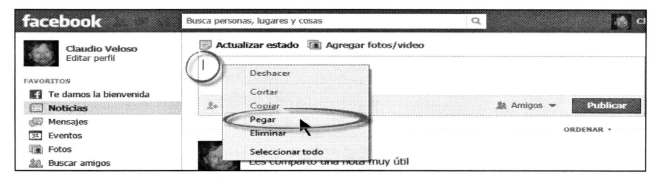

Fig. 4-83. Y después, ya adentro del espacio **¿Qué estás pensando?**, hacer clic con el botón derecho del *mouse* y, cuando se abra el menú desplegable, seleccionar la opción **Pegar**.

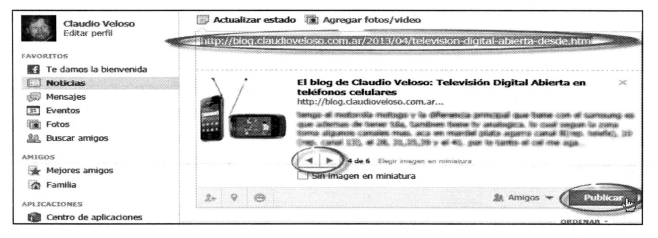

Fig. 4-84. Ni bien se pegue la dirección copiada en la **Fig. 4-81**, se cargará automáticamente su contenido de presentación. Se puede cambiar la imagen en miniatura a través de las flechas izquierda y derecha y para finalizar la publicación hay que pulsar **Publicar**.

Fig. 4-85. Después de pegar la dirección de la página y de que se cargue su contenido, se puede borrar esa dirección y escribir un texto de presentación o referencia. Luego elegir la imagen en miniatura y finalmente pulsar el botón **Publicar**.

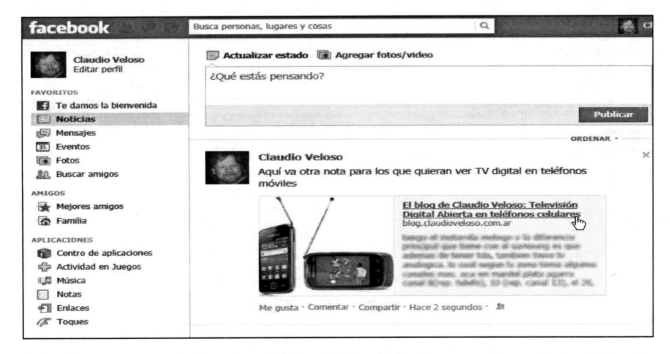

Fig. 4-86. Si se optó por la alternativa de la **Fig. 4-85**, la publicación aparecerá con el texto de presentación que se le agregó.

■ Ordenar la muestra de noticias

Las publicaciones propias y de amigos que aparecen la sección **Noticias** pueden ordenarse según dos criterios: destacadas o recientes. Es conveniente elegir la última opción para que se vean todas las noticias, ya que la primera alternativa restringe la cantidad de publicaciones.

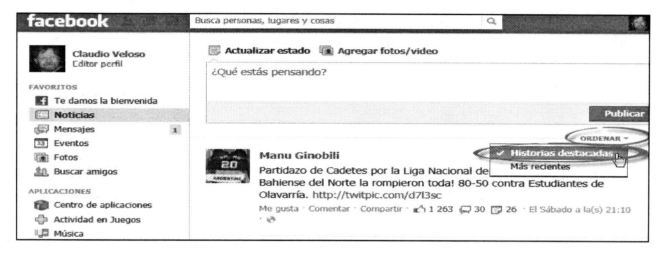

Fig. 4-87. Para ver solamente las noticias destacadas, pulsar el botón **Ordenar** y después la opción **Historias destacadas**.

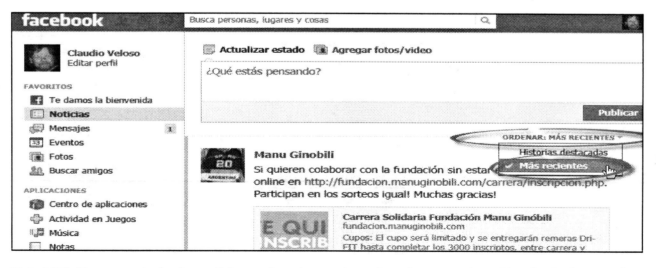

Fig. 4-88. Y para ver todas las noticias, ordenadas por las más recientes, pulsar el botón **Ordenar** y después la opción **Más recientes**.

■ Configuración

A través de las opciones de esta sección, se establecen, ajustan y modifican parámetros de uso y privacidad de la cuenta de Facebook.

Fig. 4-89. Hacer clic en el menú **Configuración** y después en **Configuración de la cuenta**.

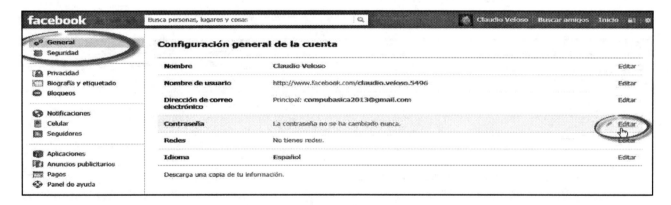

Fig. 4-90. Desde el menú **General**, todos los datos que se informaron al abrir la cuenta (nombre real, nombre de usuario, dirección de correo electrónico, contraseña y otros) pueden ser modificados. También se puede acceder al menú **Seguridad** para complementar la configuración.

Fig. 4-91. Después de haber modificado o no los datos del paso anterior, se puede volver a pulsar **Configuración** y elegir **Configuración de la privacidad**.

Fig. 4-92. Desde **Privacidad**, se ajustan las informaciones y elementos que se publican en Facebook. Por medio de **Biografía y etiquetado** se ofrece la opción de establecer quiénes pueden ver y agregar contenidos a la biografía, además de permitir o no el etiquetado (menciones) en publicaciones. Y a través de **Bloqueos**, se le impide a determinados usuarios de Facebook que vean lo que uno publica o que lo inviten a participar de aplicaciones o eventos.

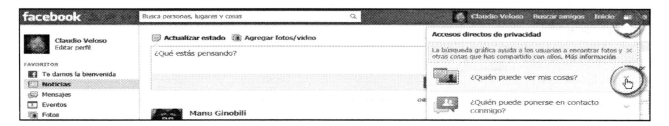

Fig. 4-93. A través del menú **Accesos directos de privacidad**, se accede a una serie de recomendaciones muy importantes para tener una buena experiencia en Facebook. Es muy importante recorrer sus opciones y hacer clic en cada una de ellas para interiorizarse sobre los temas ofrecidos.

Fig. 4-94. Al pulsar en cada pregunta, se abre un menú con respuestas sobre privacidad.

■ Servicios de ayuda

En caso de querer profundizar en los servicios y aplicaciones de Facebook, se puede consultar el espacio especialmente destinado a estos fines.

Fig. 4-95. Hacer clic en el menú **Configuración** y después en la opción **Ayuda**.

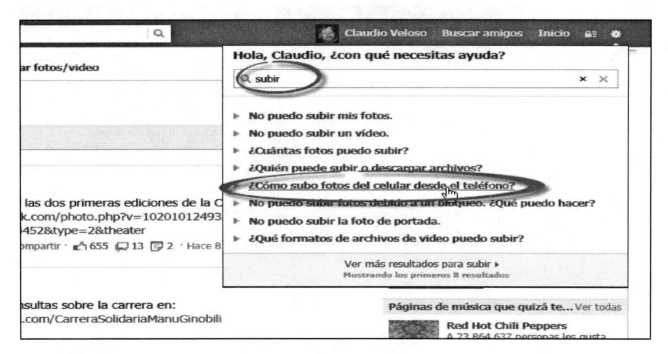

Fig. 4-96. Cuando aparezca la pregunta **Hola, ¿con qué necesitas ayuda?** habrá que escribir, en el cuadro de ingreso de texto, una o más palabras que sobre la temática a buscar (en este ejemplo, se escribió la palabra *subir*) e inmediatamente aparecerán las opciones vinculadas. Hacer clic sobre la que se ajuste a lo buscado o pulsar en **Ver más resultados**.

■ Ingresar y salir del servicio

Fig. 4-97. Si ya se tiene una cuenta de Facebook, para ingresar al servicio se debe ir hasta la página www. facebook.com y, cuando se llegue allí, escribir la dirección de correo electrónico que se utilizó para abrir la cuenta y después escribir la contraseña que se eligió en esa oportunidad. Finalmente, hacer clic en el botón **Entrar**.

Fig. 4-98. Para cerrar convenientemente la sesión en Facebook, y que nadie pueda acceder a la cuenta, hay que pulsar el botón **Configuración** y después en la opción **Salir**.

Fig. 4-99. Una vez que se cerró la sesión de Facebook, el servicio mostrará una pantalla como esta, en la que se invitará a seguir utilizándolo a través de un teléfono móvil.

Capítulo 5

Chat, mensajería
y videoconferencia

Por medio de este sistema, se pueden mantener conversaciones utilizando texto, audio y video, además de compartir cualquier tipo de archivos digitales.

Existen una gran variedad de software y sistemas que proporcionan mensajería instantánea. Hangout (antes llamado Gtalk) ofrece esta alternativa a través de su página de *Web mail* (www.gmail.com), Yahoo! (www.yahoo.com) y Skype (www.skype.com/es/) disponen de una aplicación de descarga gratuita. Y Pigdin (www.pidgin.com) también pone al alcance de los usuarios una herramienta sin costo y compatible con gran variedad de sistemas como Gtalk, Yahoo!, entre otros, y hasta con el pionero de la mensajería en línea, el ICQ (www.icq.com).

Pero sin duda alguna, en esta tercera edición de este libro, el sistema de chat y mensajería de Facebook se impone por la gran cantidad de usuarios que posee esta red social. Por eso, es que en este capítulo lo utilizaremos como modelo de funcionamiento, aunque se destaca que los otros mensajeros poseen características y rendimientos similares.

■ Apertura de cuenta de Facebook

Abrir una cuenta de Facebook es muy fácil, no lleva más de cinco minutos y, en el Capítulo 4 de esta obra, puede ver el procedimiento.

El único requisito para sumarse a Facebook es tener una dirección y servicio de correo electrónico que estén activos. Y en caso que no contar con ellos, no hay más que recorrer el paso a paso del Capítulo 3 de este libro para abrir una cuenta de correo gratuita.

■ Activar, desactivar y configurar

Fig. 5-1. Después de abrir una sesión de Facebook, ir hasta el ángulo inferior derecho de la página y hacer clic en la solapa **Chat**.

Fig. 5-2. Inmediatamente, se abrirá una ventana que mostrará a todos los amigos a los que se les puede mandar un mensaje.

Fig. 5-3. En la ventana que se abrió, haciendo clic en el menú **Configuración** aparecerán tres opciones. Si se deja marcada **Sonido**, cada vez que se reciba un mensaje se ejecutará un sonido de alerta en la computadora.

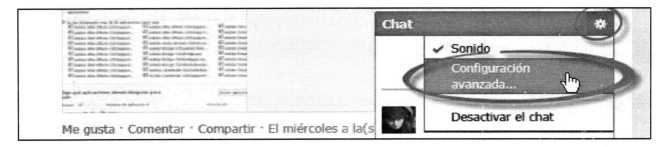

Fig. 5-4. Para establecer quiénes podrán ver la disponibilidad en el chat, hacer clic en el botón **Configuración avanzada**.

Fig. 5-5. Si se quisiera que algún o algunos amigos no puedan saber que uno activó el chat, hacer clic en la opción **Activar el chat para todos mis amigos, excepto...**

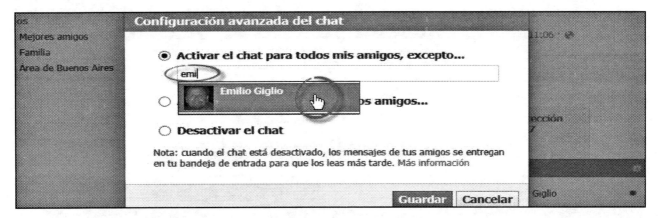

Fig. 5-6. Comenzar a escribir el nombre del amigo que se quiere exceptuar y, ni bien aparece la sugerencia de su nombre completo, seleccionarlo haciendo clic sobre él.

Fig. 5-7. En caso de arrepentirse y querer habilitar al amigo exceptuado, hacer clic en el ícono con la **X** que aparece a la derecha de su nombre. Y a no olvidarse que después de hacer cualquier cambio, se deberá pulsar el botón **Guardar**.

Fig. 5-8. Para cerrar el chat, hay que seleccionar la opción **Desactivar el chat**.

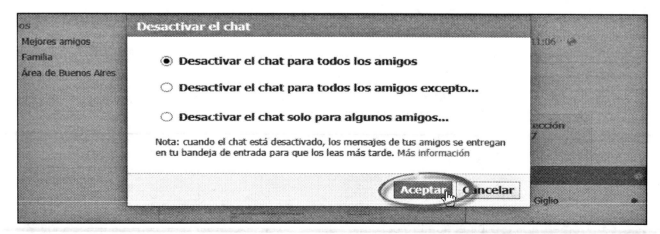

Fig. 5-9. Y, después del paso anterior, habrá que elegir algunas de estas tres opciones y pulsar **Aceptar**.

Fig. 5-10. Y finalmente el chat aparecerá como desactivado en la página de Facebook.

■ Realizar un chat

Fig. 5-11. Activar el chat (como se mostró en la **Fig. 5-1**) y hacer clic en el nombre de la persona con la que se quiere conversar.

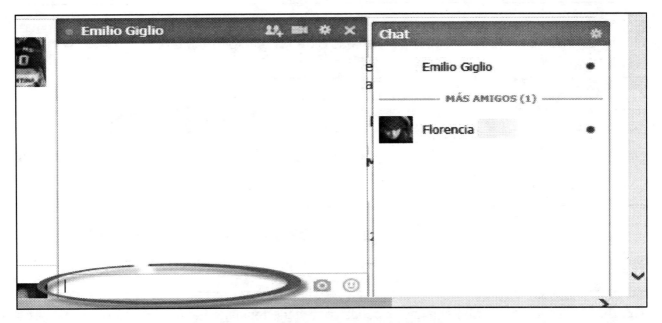

Fig. 5-12. Ni bien se abra la ventana nueva, hacer clic en el cuadro inferior de ingreso de texto.

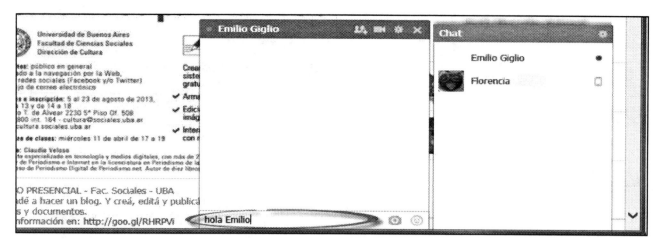

Fig. 5-13. En el cuadro de ingreso de texto, ubicado en la parte inferior de la ventana, escribir el mensaje que se le va a enviar al amigo y después pulsar la tecla **Enter** o **Intro** del teclado de la computadora.

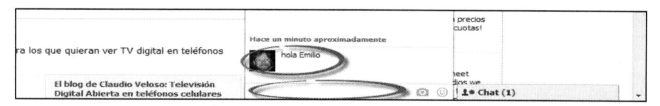

Fig. 5-14. Si el amigo al que se le envió el mensaje está conectado en ese momento a Facebook, lo recibirá instantáneamente y podrá contestarlo haciendo clic en el cuadro de ingreso.

Fig. 5-15. Cuando se recibe un mensaje, en la parte inferior de la página de Facebook, se advierte sobre el mismo y se indica la cantidad de textos recibidos.

Fig. 5-16. El amigo que recibe el mensaje puede contestarlo repitiendo el mismo procedimiento de la **Fig. 5-13**.

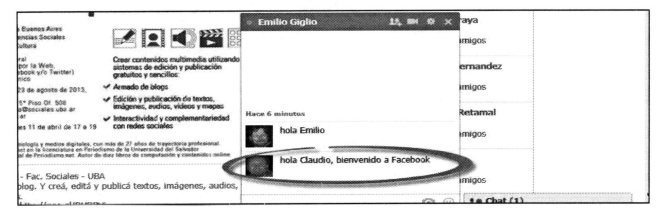

Fig. 5-17. Y finalmente uno recibirá la respuesta del amigo y la verá en su página.

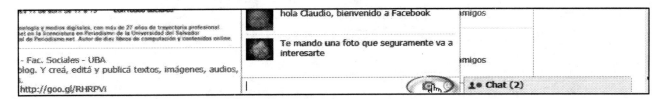

Fig. 5-18. Si al amigo se le quisiera enviar una imagen, en la ventana de chat del amigo, hay que pulsar el ícono de la cámara fotográfica.

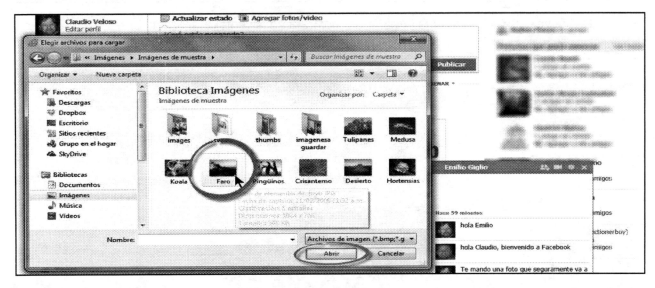

Fig. 5-19. Cuando se abra la ventana **Elegir archivos para cargar**, buscar la imagen a enviar, seleccionarla y pulsar el botón **Abrir**.

Fig. 5-20. A continuación, la imagen comenzará a enviarse.

Fig. 5-21. Una vez que la imagen fue enviada, se mostrará en la ventana del chat.

Fig. 5-22. Y el amigo al que se le mandó la imagen también la verá en su chat.

Fig. 5-23. En los mensajes, también se pueden insertar caritas con estados de ánimo. Para esto, y mientras se está conversando con un amigo, hacer clic en el ícono con la carita que se muestra en la ventana de chat.

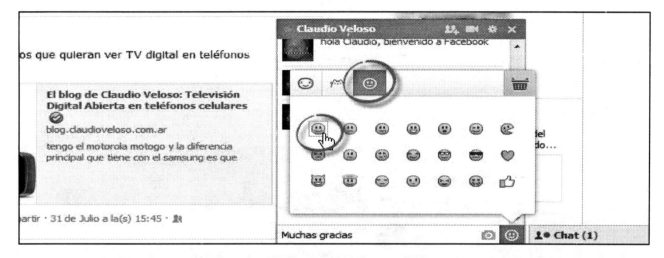

Fig. 5-24. Hacer clic en una de las tres solapas de emoticones y pulsar sobre el que se quiera insertar.

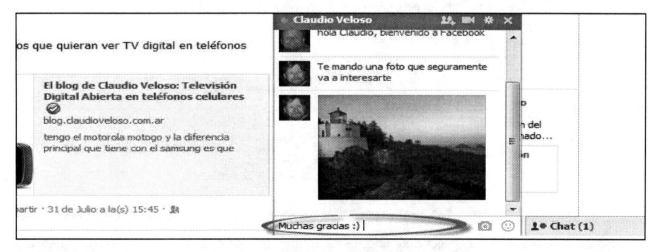

Fig. 5-25. El emoticón insertado aparece, en este ejemplo, después del texto y se visualiza como **:)**. Entonces, presionar la tecla **Enter** o **Intro** del teclado de la computadora.

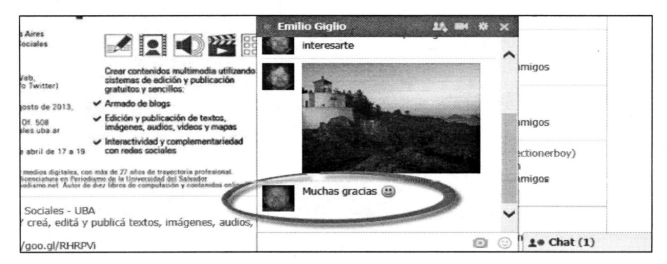

Fig. 5-26. Ni bien se mande el mensaje, el emoticón se verá tal como se mostraba cuando fue elegido.

Fig. 5-27. Para cerrar la ventana del chat, se debe hacer clic en el botón **X** que aparece en el ángulo superior derecho de la misma. Más allá de esta acción, si el amigo con el cual se mantenía la charla o cualquier otro envían un mensaje se lo recibirá instantáneamente, a menos que se desactive el chat, tal como se mostró en las **Fig. 5-8** y **Fig. 5-9**.

■ Chat entre más de dos personas

Fig. 5-28. Abrir el chat y hacer clic sobre uno de los amigos con los que se quiere conversar y después pulsar el botón **Agregar más amigos a la conversación**, que está ubicado en la barra superior de la ventana de chat abierta.

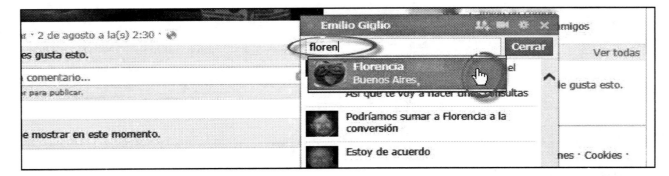

Fig. 5-29. Comenzar a escribir el nombre del amigo que se quiere sumar a la conversación y, cuando se despliegue la sugerencia, hacer clic sobre la misma.

Fig. 5-30. Si se quiere agregar más amigos se deberá repetir la operación. Y al finalizar, pulsar la tecla **Enter** o **Intro** del teclado de la computadora.

Fig. 5-31. Enseguida, se abrirá otra ventana de chat, que en su parte superior exhibe el nombre de los amigos invitados. Para mandarles un mensaje y comenzar la charla, solo hay que escribir en el cuadro inferior de ingreso de texto y después pulsar la tecla **Enter** o **Intro** del teclado de la computadora.

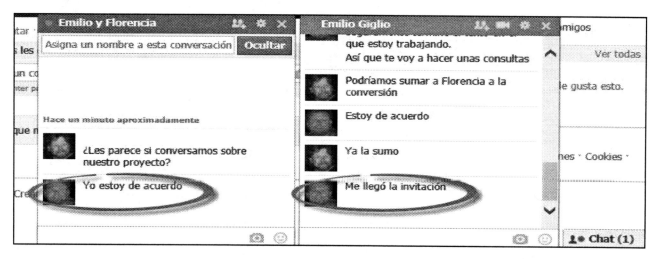

Fig. 5-32. Con el mismo contacto, se pueden tener, por ejemplo, dos conversaciones al mismo tiempo. Una en privado y la otra incluyendo a más amigos.

■ Bandeja de entrada de mensajes

Los mensajes que se envíen a destinatarios que en ese momento no están conectados igualmente serán recibidos por Facebook y guardados en la Bandeja de entrada de mensajes a la espera de ser leídos.

Fig. 5-33. Si mientras se estuvo desconectado de Facebook se recibió algún mensaje, cuando se inicie sesión en el servicio en el botón **Bandeja de entrada**, ubicado en la barra superior de la página, aparecerá una alerta (en color rojo) que advierte sobre la cantidad de mensajes recibidos. Y también en el menú **Noticias**, de la barra izquierda de la página, se realiza la misma advertencia. Entonces, y para ver los mensajes, hacer clic en alguno de los dos avisos.

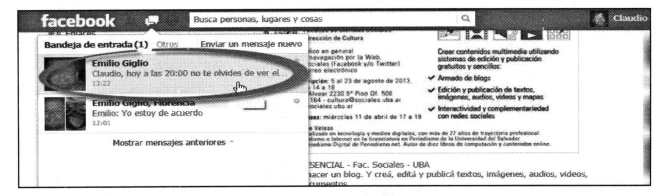

Fig. 5-34. Después de hacer clic en el botón **Bandeja de entrada** (de la barra superior), se abrirá un menú desplegable que destacará el o los nuevos mensajes recibidos. Hacer clic en el mensaje a ver.

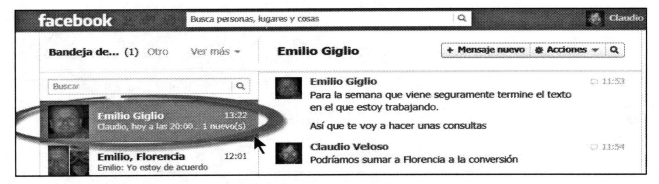

Fig. 5-35. Cuando se abra la página de Bandeja de entrada, haciendo clic en cada amigo se podrán ver todos los mensajes intercambiados con él, inclusive el o los que no se vieron por no estar conectado.

Fig. 5-36. Para dar respuesta a un mensaje, escribir en el cuadro de ingreso de texto y después pulsar el botón **Responder**.

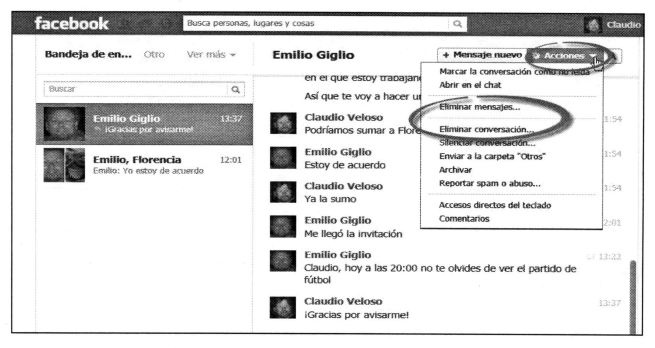

Fig. 5-37. Haciendo clic en el botón **Acciones** (que se muestra en la parte superior del historial de mensajes) se mostrarán acciones que se pueden tomar con toda la conversación con ese amigo o con algunos mensajes en particular.

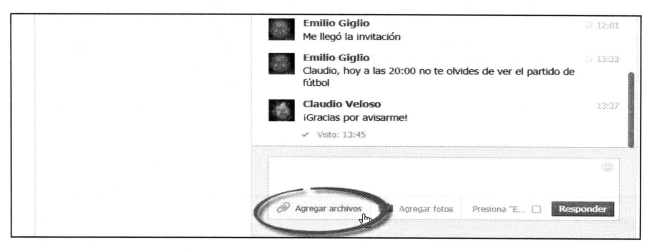

Fig. 5-38. Si se pulsa el botón **Agregar archivos** (ubicado en la parte inferior al cuadro de ingreso de texto), se puede enviar cualquier archivo (de texto, imagen, video u otro) que se tenga en la computadora o en cualquier otro medio de almacenamiento digital. Para esto, se tendrá que seguir el mismo procedimiento utilizado cuando se trató el envío de una imagen (ver **Fig. 5-19**).

Fig. 5-39. Para ver la conversación con otro usuario, hacer clic sobre su nombre en la barra izquierda. Y para volver a la sección **Noticias**, pulsar sobre el logotipo de Facebook.

■ Videoconferencia

Para realizar charlas utilizando audio y video, es necesario contar con una computadora que tenga conectados e instalados un micrófono, parlantes (altavoces) y una cámara de video (*webcam*).

Fig. 5-40. Repetir el paso descripto en la **Fig. 5-11** y, cuando se abra la ventana de chat con el amigo, pulsar el botón que tiene el ícono de una videocámara. Si llegara a aparecer la leyenda **...no está disponible para participar de una videollamada**, significa que el amigo no está conectado.

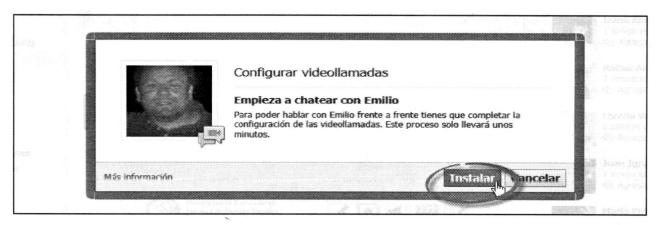

Fig. 5-41. La primera vez que se quiera realizar una videollamada, y después de haber pulsado el botón para realizarla (tal como se mostró en el paso anterior), Facebook informará que se debe completar un proceso de configuración. Pulsar el botón **Instalar** para hacerlo.

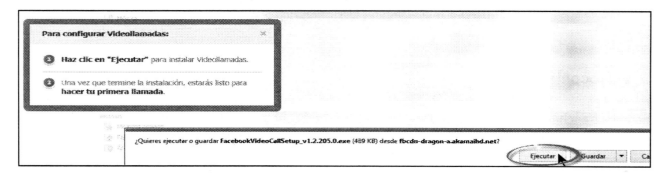

Fig. 5-42. A continuación, en la parte inferior del navegador, aparecerá una ventana que preguntará si se quiere ejecutar el archivo. Hacer clic en el botón **Ejecutar** que aparece allí.

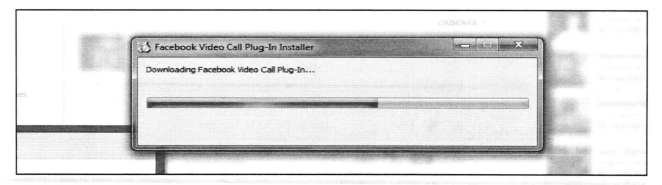

Fig. 5-43. Inmediatamente, comenzará la descarga del archivo **Facebook Video Call Plug-In...**

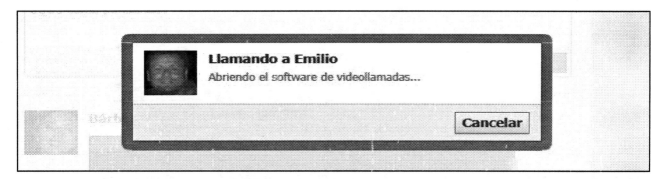

Fig. 5-44. Una vez que el accesorio de videollamas esté instalado, se podrá repetir el procedimiento de la **Fig. 5-40**. Entonces, aparecerá una ventana que indica que se está abriendo el software de videollamadas para llamar al amigo.

Fig. 5-45. Segundos después, aparece otra ventana que informa que se está a la espera de la respuesta del amigo.

Fig. 5-46. Si el amigo en ese momento no estaba frente a su equipo, recibirá un mensaje que dice que recibió una videollamada y se le propone contestarla. Para esto último, se debe pulsar el botón **Devolver llamada**.

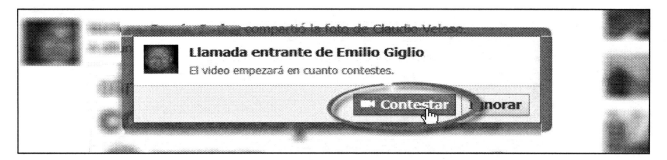

Fig. 5-47. Cuando se reciba una videollamada, se abrirá una ventana como la de esta imagen, en la que se deberá pulsar **Contestar**.

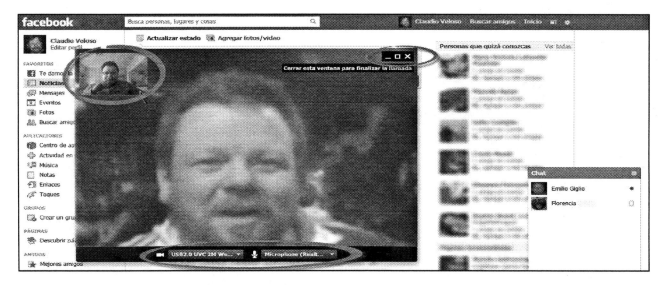

Fig. 5-48. A continuación, comenzará la videollamada. La imagen más grande es la que corresponde al amigo y la más pequeña a uno mismo. Para ajustar cualquier detalle de la cámara o del micrófono, se deben pulsar los botones que se muestran en la parte inferior de la pantalla. Y para cerrar, minimizar o maximizar la ventana de la videollamada se deben usar los botones que aparecen en el ángulo superior derecho de la ventana.

Capítulo 6

Imágenes
digitales

La fotografía digital ya es parte de una realidad que cada día gana más seguidores, seducidos por la facilidad de uso y la posibilidad de tomar las fotos que se quiera a costo prácticamente "cero". Solo hay que invertir en una buena cámara y listo. Después, se pueden copiar a papel las fotos elegidas, que seguramente serán menos que si se las hubiera tomado con una cámara tradicional de 24 o 36 imágenes por rollo fotográfico.

Una vez que se toman las fotos digitales es conveniente ser muy ordenado para guardarlas. Y para esto, nada mejor que la ayuda de un software especializado.

Si bien las cámaras digitales vienen generalmente con un CD-ROM, que incluye un programa para descargar las imágenes a la computadora y ordenarlas en álbumes, en este capítulo, se mostrará el funcionamiento de Picasa, el software de Google para administración de fotografías.

Más allá del programa que se utilice, es conveniente realizar copias de seguridad de las imágenes en CD-ROM o DVD. Y aunque suene alarmista, es conveniente realizar más de una copia y guardar una de ellas en la casa de algún familiar o amigo.

■ Instalar Picasa

Este software es totalmente gratuito y funciona con cualquier tipo de cámara fotográfica digital que se conecte a la computadora.

Picasa es muy fácil de instalar y de usar. En pocos minutos, rastrea todas las imágenes que se tengan guardadas en la computadora y, en otros pocos minutos, descarga las fotografías que se tomaron con la cámara digital.

Fig. 6-1. Escribir en el navegador la dirección **picasa.google.com** y pulsar la tecla **Enter** o **Intro** del teclado de la computadora para llegar hasta el sitio Web de Picasa. Una vez allí, hacer clic en el botón **Descargar Picasa** y seguir los pasos de la instalación.

Fig. 6-2. En la parte inferior del navegador, aparecerá una barra que pregunta qué hacer con el archivo. Entonces, pulsar en el botón **Ejecutar**.

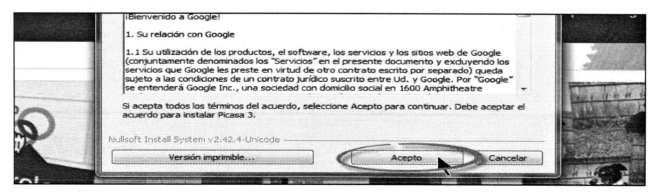

Fig. 6-3. Si se está de acuerdo con los términos de uso de Picasa y se quiere iniciar la instalación, cuando aparezca la ventana de Acuerdo de licencia, hacer clic en **Acepto**.

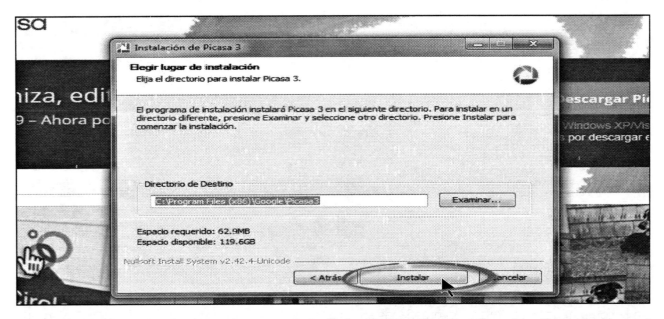

Fig. 6-4. Cuando se abra la ventana que propone elegir el lugar de instalación, pulsar directamente en el botón **Instalar** sin hacer ningún cambio.

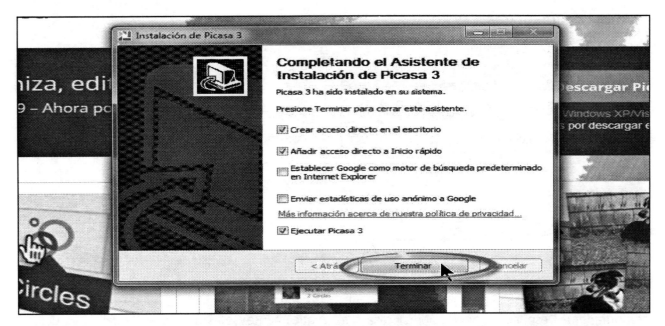

Fig. 6-5. Finalmente, y para culminar la instalación, pulsar el botón **Terminar** en esta ventana. A modo de recomendación, se pueden dejar habilitadas las opciones que se muestran en esta figura.

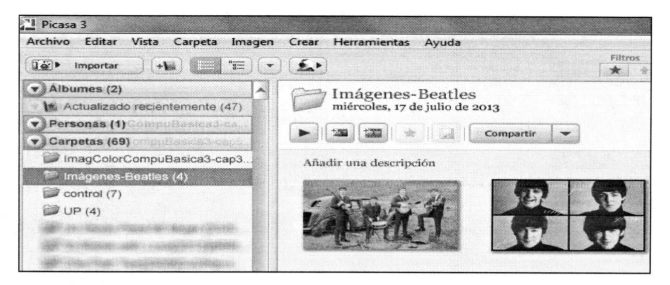

Fig. 6-6. Inmediatamente, se abrirá Picasa y comenzará detectar todas las fotografías que encuentran en la computadora. Las fotos son ordenadas automáticamente por carpetas y según los años en las que fueron creadas.

■ Importar imágenes

Fig. 6-7. Antes de comenzar la importación de imágenes, se debe conectar la cámara digital o el *pendrive* (en el que se tengan guardadas las fotos) a la computadora. Después, se puede abrir Picasa y a continuación hacer clic en el botón **Importar**.

Fig. 6-8. Las fotos de la cámara son detectadas automáticamente y se las muestra en pantalla. Para descargarlas, hay que hacer clic en el botón **Importar todo**.

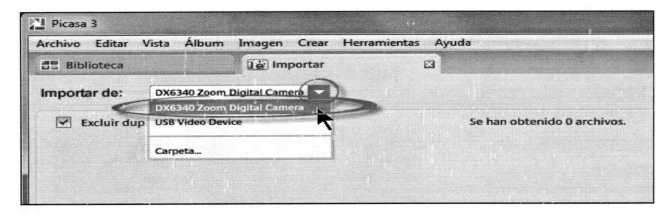

Fig. 6-9. Si las fotos no son detectadas automáticamente, hay que hacer clic en el menú desplegable **Importar de:** y seleccionar la cámara, el *pendrive* o cualquier otro dispositivo desde el cual se van a descargar las imágenes.

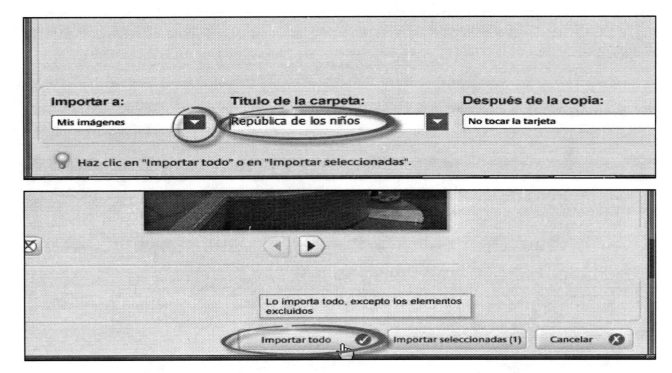

Fig. 6-10. Una vez que las fotos se descargan a la computadora, se deberá elegir la carpeta general a la que serán importadas las fotos (en este caso, conviene dejar la opción **Mis imágenes**) y después la carpeta en particular en la que se guardarán estas imágenes. Para esto último, se deberá escribir ese nombre en el campo **Título de la carpeta**. Finalmente, hacer clic en el botón **Importar todo**.

Fig. 6-11. Las imágenes descargadas aparecen en Picasa. En la ventana derecha, se ven todas las fotos, el título y los detalles de la carpeta que las contiene.

■ Ver imágenes

Fig. 6-12. Para ver las imágenes de un álbum o carpeta en pantalla completa, primero hay que llegar hasta el mismo y, cuando se muestre su contenido, pulsar el botón señalado en esta figura.

Fig. 6-13. Comienza la presentación de las imágenes desplegadas en pantalla completa. Para que aparezcan los controles que se ven en esta figura, hay que bajar el puntero del *mouse* a la parte inferior de la pantalla. Una vez que se ve el control, con los botones centrales se puede ir para atrás, ejecutar e ir para adelante en la presentación. Y con el control de la derecha (que consigna tiempo en segundos), se ajusta el tiempo que permanece en pantalla cada foto.

■ Editar imágenes

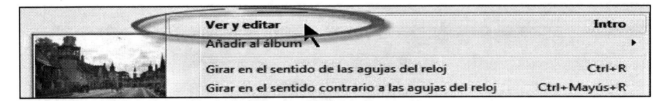

Fig. 6-14. Hacer clic con el botón derecho del *mouse* sobre la imagen que se ha de modificar. Cuando se abre el menú desplegable, seleccionar la opción **Ver y editar**.

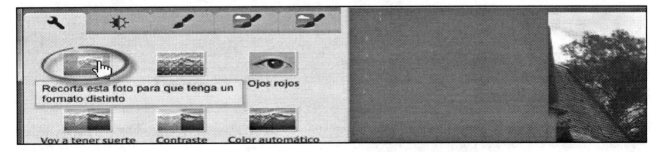

Fig. 6-15. Por ejemplo, para recortar una imagen hay que hacer clic en el ícono **Recortar**.

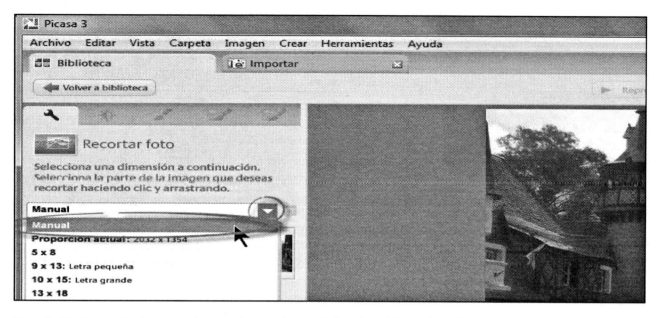

Fig. 6-16. Después, hay que hacer clic en el menú desplegable y elegir la proporción deseada, o bien seleccionar la opción **Manual** para hacer el recorte a voluntad.

Fig. 6-17. Una vez que se eligió la opción manual, solamente hay que hacer clic sobre la imagen y, sin dejar de pulsar el botón del *mouse*, estirar hasta lograr el recorte deseado. Finalmente, hacer clic en el botón **Aplicar**. En caso de no estar conforme con el resultado, se puede volver al estado anterior pulsando **Reestablecer**. Para regresar a la ventana principal del álbum, se debe pulsar en el botón **Volver a biblioteca**.

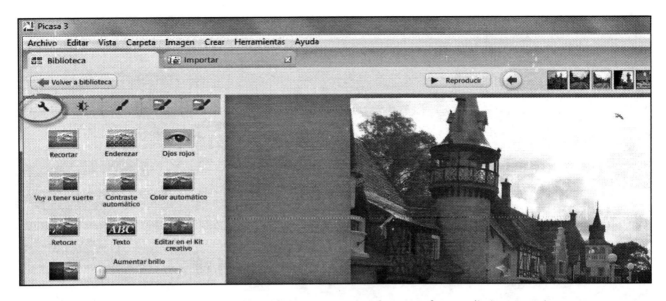

Fig. 6-18. En la solapa **Retoques habitualmente necesarios**, se ofrecen distintas opciones para retocar las imágenes. Se recomienda probar cada una de ellas para ver las posibilidades con las que se cuenta. A través del botón **Deshacer**, siempre se vuelve al estado anterior y no se guardan los cambios realizados.

Fig. 6-19. Desde la solapa **Retoques de luz y color**, se ajustan los niveles de brillo, realces, sombras, entre otros, que permiten mejorar imágenes que tuvieron inconvenientes (falta o exceso de luz, por ejemplo) cuando fueron tomadas, o bien que se quieren modificar para lograr un efecto cromático determinado.

Fig. 6-20. Finalmente, y desde la solapa **Procesamiento de imagen útil y divertido**, se pueden lograr distintos tratamientos generales sobre las imágenes.

■ Crear álbum

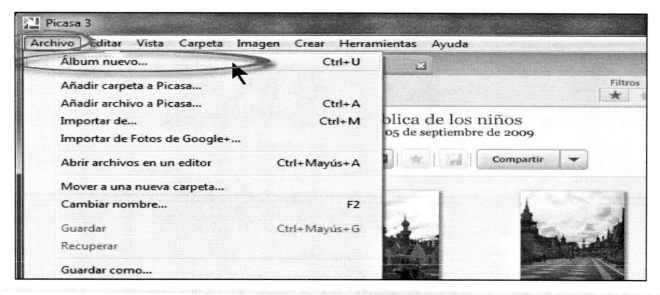

Fig. 6-21. Hacer clic en el menú **Archivo** y después en la opción **Álbum nuevo**.

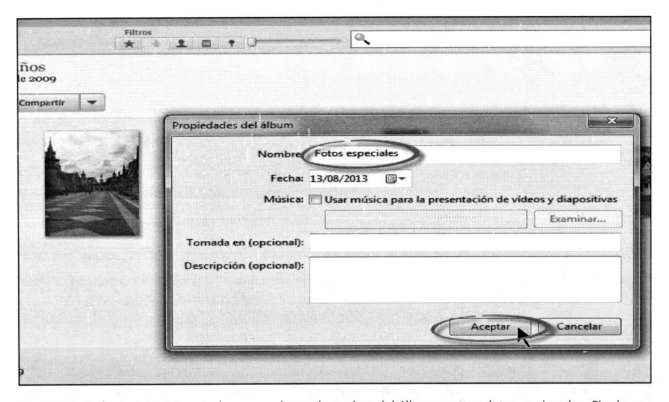

Fig. 6-22. En la ventana que se abre, completar el nombre del álbum y otros datos opcionales. Finalmente, pulsar el botón **Aceptar**.

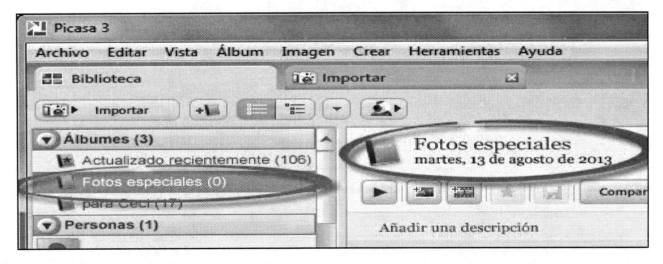

Fig. 6-23. El álbum creado aparece en la barra izquierda de Picasa y en la ventana central.

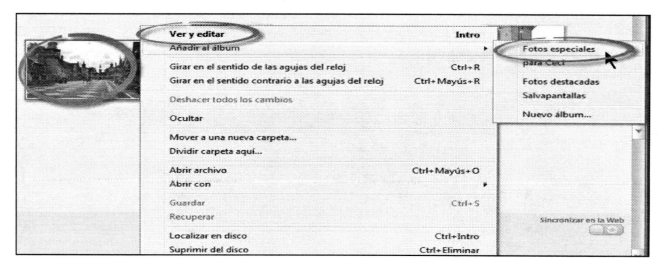

Fig. 6-24. Para incluir fotos dentro del nuevo álbum, primero hay que buscar en Picasa la imagen a incluir. Una vez que se la encuentra hay que hacer clic con el botón derecho del *mouse* sobre ella y, cuando se abra el menú desplegable, elegir la opción **Añadir al álbum** y después hacer clic sobre el nombre del álbum elegido y ya creado.

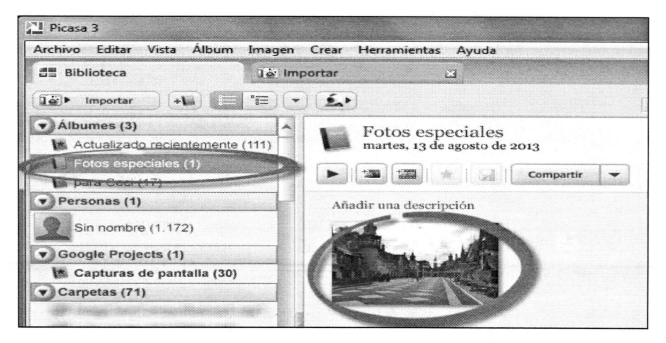

Fig. 6-25. Después del paso anterior, el álbum ya contiene la nueva imagen. Para insertar otras imágenes, repetir el procedimiento.

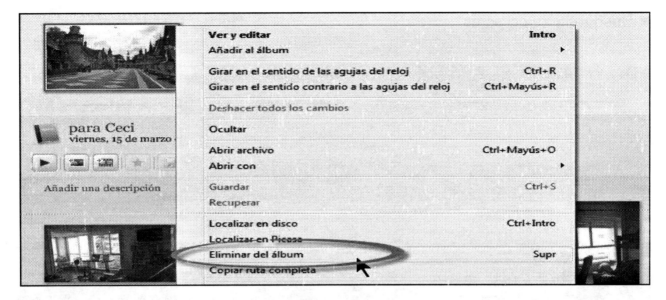

Fig. 6-26. Para borrar una imagen de un álbum, hay que hacer clic con el botón derecho del *mouse* sobre la foto y, cuando se abre el menú desplegable, seleccionar la opción **Eliminar del álbum**.

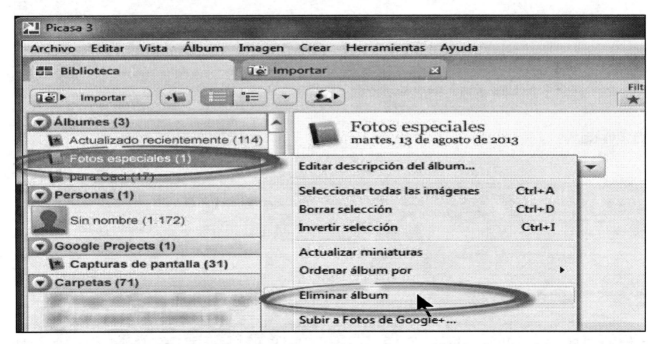

Fig. 6-27. Y para borrar un álbum completo, hay que hacer clic con el botón derecho del *mouse* sobre su ícono y después elegir la opción **Eliminar álbum**.

■ **Búsqueda de carpetas**

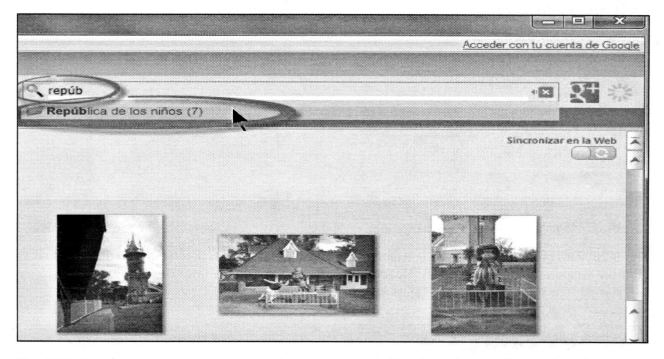

Fig. 6-28. Para buscar una carpeta, se puede comenzar a escribir el nombre de ella en el cuadro de búsqueda ubicado en la parte superior derecha de Picasa. A medida que se escriba su nombre, aparecerán opciones y solo habrá que pulsar sobre la elegida.

■ **Ayuda**

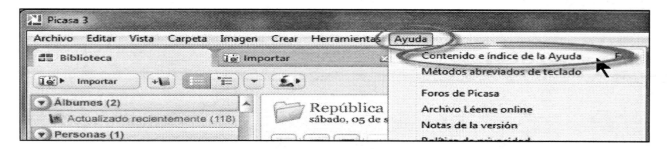

Fig. 6-29. Para interiorizarse de las numerosas funcionalidades de Picasa, se recomienda hacer clic en el menú **Ayuda** y después seleccionar **Contenido e índice de la Ayuda**.

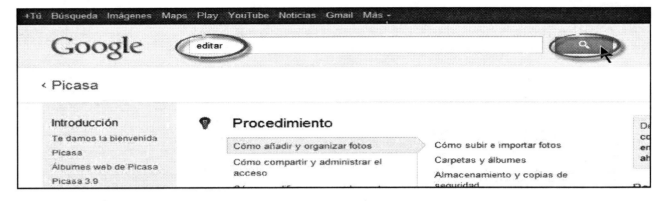

Fig. 6-30. El menú en línea ofrece diferentes opciones que al hacer clic sobre ellas muestran contenidos de ayuda. Para consultar sobre un tema en particular (en este ejemplo, editar), se deberá escribir la consulta en el cuadro de ingreso de texto ubicado en la parte superior de la página y después pulsar el botón identificado con el ícono de la lupa.

Fig. 6-31. Inmediatamente, aparecerán los diferentes contenidos relacionados con la consulta realizada en el paso anterior.

Capítulo 7

Procesador
de textos

Los softwares para procesamiento de texto son la herramienta indicada para redactar informes, cartas, monografías y cualquier otro tipo de documentos que requieran la posibilidad de editar palabras, párrafos, imágenes y otras aplicaciones. A continuación, se muestran las funcionalidades básicas del Microsoft Word, que son similares a las de otros procesadores de textos.

■ Configurar página

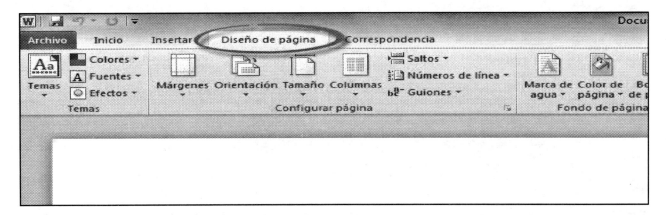

Fig. 7-1. Como muchos de los documentos que se crean en el procesador de textos después se pueden llegar a imprimir, es importante definir el formato de papel en el que se lo hará y que, por lo tanto, establecerá el formato de la hoja en la que se va a escribir. Para esto, hay que hacer clic en el menú **Diseño de página**.

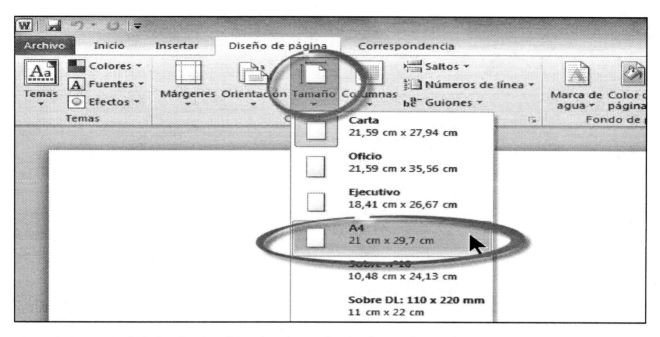

Fig. 7-2. Después de haber hecho clic en la solapa **Diseño de página**, pulsar el botón **Tamaño** y, cuando se abra el desplegable, selecionar el formato de papel elegido (en este ejemplo, A4).

■ Formato de fuente

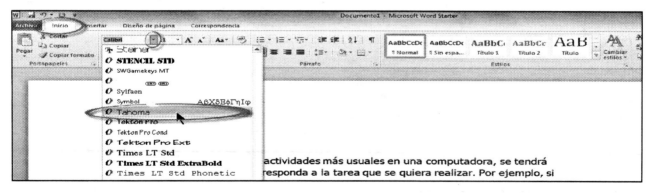

Fig. 7-3. Para hacer un ajuste de formato en cualquier palabra, en cualquier párrafo o bien en todo el texto, hay que seleccionarlo previamente, haciendo clic con el *mouse* donde comienza y soltando el botón del *mouse* donde termina. En este ejemplo, se seleccionó todo el texto para después aplicarle un cambio de fuente, que se realizó haciendo clic en el menú desplegable **Fuente** y después en el tipo de letra elegido.

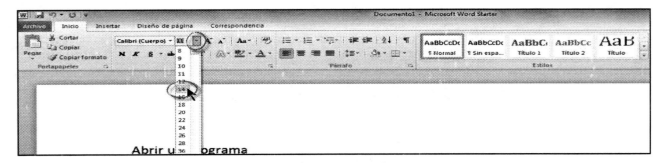

Fig. 7-4. El cambio de fuente ya fue realizado. Ahora, y desde el menú desplegable **Tamaño de fuente**, se ajustan las dimensiones de las letras (en este ejemplo, se pasó de 11 puntos a 14).

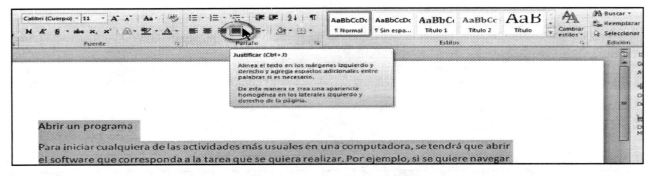

Fig. 7-5. El tamaño de la fuente ya fue cambiado. Entonces, y para continuar con los cambios, se modificará la alineación del texto. Para esto, hay que seleccionar la forma elegida a través de los íconos correspondientes en la barra de herramientas. En este ejemplo, se eligió la alineación justificada.

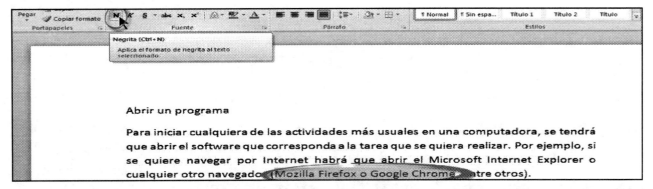

Fig. 7-6. Ya se puede ver el cambio de alineación. Y ahora se seleccionan unas palabras para destacarlas en estilo **Negrita**, haciendo clic en su botón (a la derecha de este botón también se encuentran las opciones cursiva y subrayado). Se aclara que los tres estilos pueden combinarse.

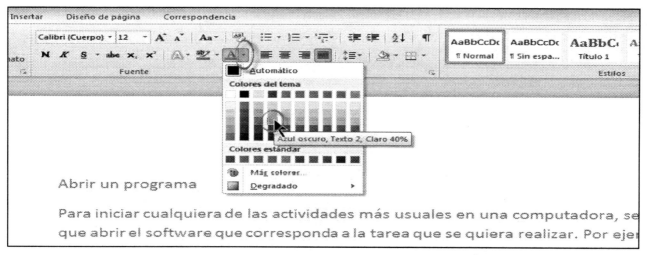

Fig. 7-7. Para cambiar el color de un texto, después de seleccionarlo hay que hacer clic en el menú desplegable **Color de fuente** y elegir uno de la paleta.

■ **Formato de párrafo**

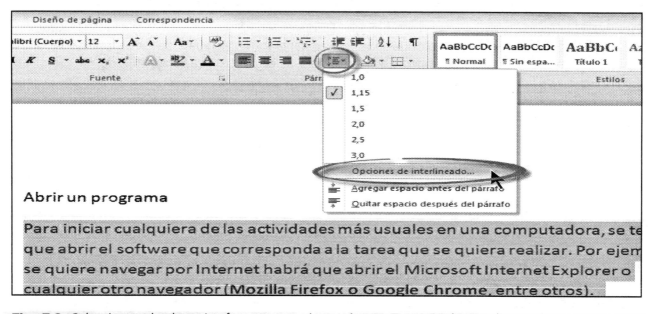

Fig. 7-8. Seleccionar el o los párrafos que se quieren ajustar. Después, hacer clic en el menú **Espaciado entre líneas y párrafos** y, cuando se abra el menú desplegable, en **Opciones de interlineado**.

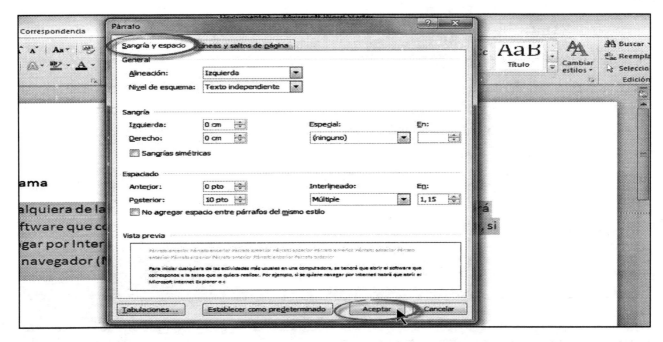

Fig. 7-9. Una vez que se abre la ventana **Párrafo**, y desde la solapa **Sangría y espacio**, se pueden ajustar diferentes atributos de los párrafos seleccionados, por ejemplo, **Alineación** (izquierda, derecha, centrada o justificada), **Sangría**, **Espaciado** e **Interlineado**. A medida que se realizan los cambios, se ofrece una **Vista previa** de los mismos.

■ Insertar imágenes

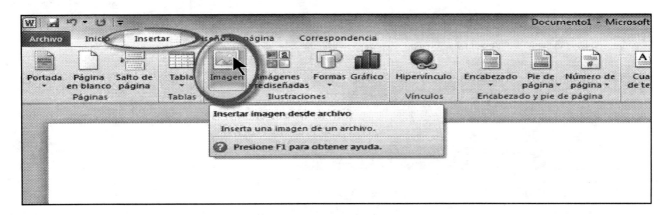

Fig. 7-10. Hacer clic en el menú **Insertar** y después en el botón **Imagen**.

Fig. 7-11. Se abre una ventana desde la cual se tiene que buscar la imagen y, una vez que se la encuentra, hacer clic sobre ella y pulsar el botón e **Insertar**.

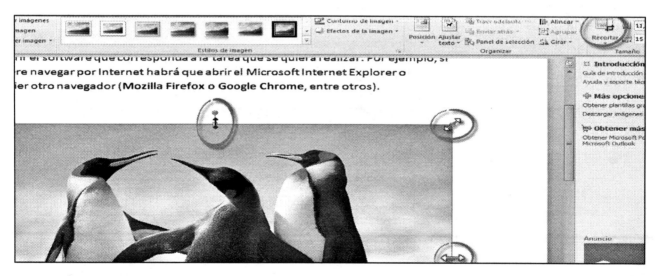

Fig. 7-12. Una vez que la imagen se insertó en la página, se le puede cambiar el tamaño tirando desde sus bordes (para aumentar o disminuir su ancho y alto) o bien desde sus ángulos (para ajustar proporcionalmente sus dimensiones). Desde la barra de **Herramientas de imagen** (que aparece arriba), se ofrecen opciones para editar la foto. En este ejemplo, se seleccionó la herramienta **Recortar** para quitar un sector de la imagen.

Deshacer y Rehacer

Cuando se realiza alguna acción que no proporciona el resultado esperado, no hay que preocuparse. La función Deshacer ofrece la posibilidad de volver atrás como si nada hubiera pasado.

Para lograr esto, hay que hacer clic en el menú Edición y después en la opción Deshacer. Tambien se logra el mismo resultado manteniendo presionada la tecla Ctrl y después pulsando la tecla Z.

A la acción inversa de Deshacer, que es Rehacer, se llega también después de hacer clic en el menú Edición o bien por medio de la combinación de teclas Ctrl y después Y.

Fig. 7-13. Después de elegir la herramienta **Recortar**, se debe hacer clic en algunos de los puntos de control de la imagen (ubicados en las esquinas y en el medio de los bordes) y comenzar a mover el *mouse*, sin soltar el botón, hasta lograr el recorte pretendido.

Fig. 7-14. La imagen ahora aparece recortada.

■ Corrección

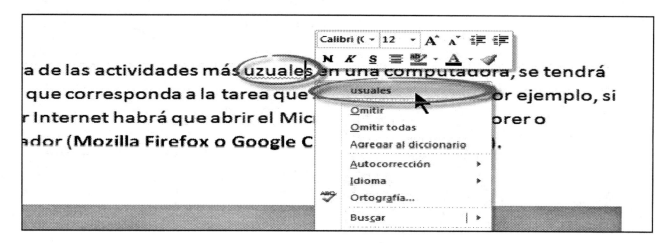

Fig. 7-15. Cuando el procesador de texto encuentra algún error, lo subraya con una línea punteada roja. Haciendo clic con el botón derecho del *mouse* sobre la palabra resaltada aparecerán las opciones para su corrección. Entonces, solo habrá que escoger la conveniente.

Fig. 7-16. Después de la acción del paso anterior, la palabra ya aparece corregida.

Fig. 7-17. Pero puede pasar que la palabra esté bien escrita y el diccionario no la reconozca. En este caso, habrá que hacer clic con el botón derecho del *mouse* sobre la palabra y después seleccionar la opción **Agregar al diccionario**, o bien, **Omitir todas**.

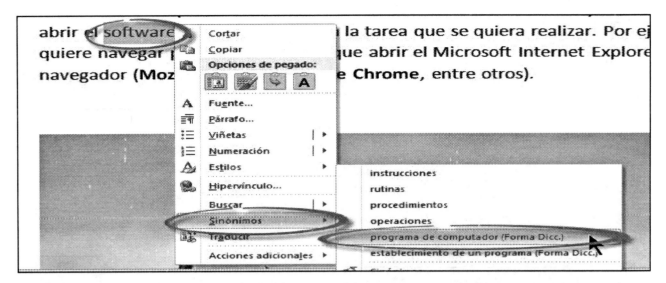

Fig. 7-18. El diccionario también ofrece el servicio de encontrar sinónimos. Para esto, hay que hacer clic con el botón derecho del *mouse* sobre una palabra y después seleccionar la opción **Sinónimos**. A continuación, aparecerá una lista con los sinónimos sugeridos y solo hay que elegir el que convenga.

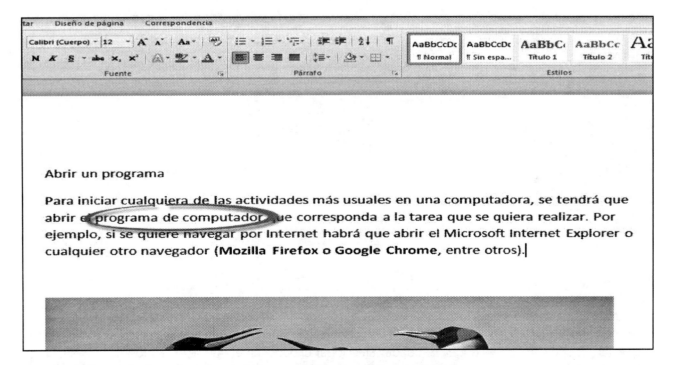

Fig. 7-19. Después de aplicar un sinónimo, el mismo aparece en el texto.

■ Imprimir

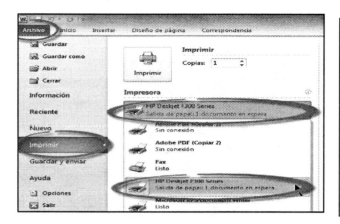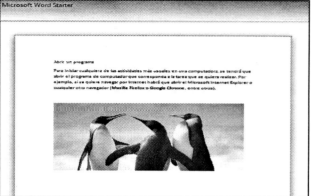

Fig. 7-20. Hacer clic en la solapa **Archivo** y después en la opción **Imprimir**. Si la impresora que se va a utilizar no se encuentra seleccionada, hacer clic en su menú desplegable y elegir la correcta. En el costado derecho de la pantalla, se podrá ver una vista previa del documento a imprimir.

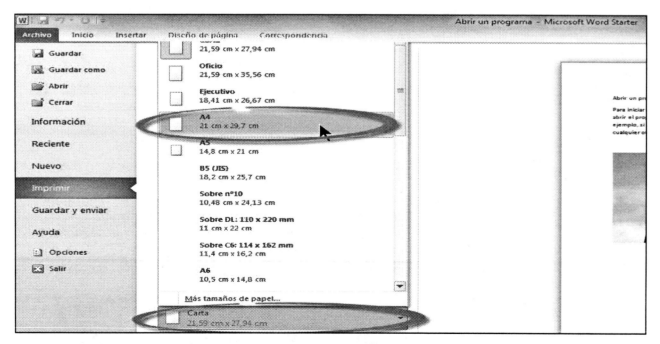

Fig. 7-21. Desde el menú de papel, se puede seleccionar el papel en el que se va a imprimir. En este ejemplo, estaba seleccionado papel **Carta** y se cambió por **A4**.

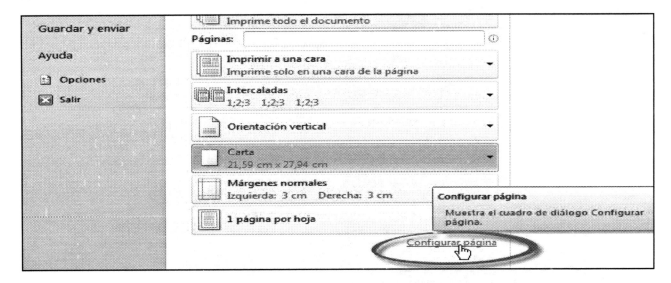

Fig. 7-22. Hacer clic en el botón **Configurar página**, ubicado al final de las opciones de impresión.

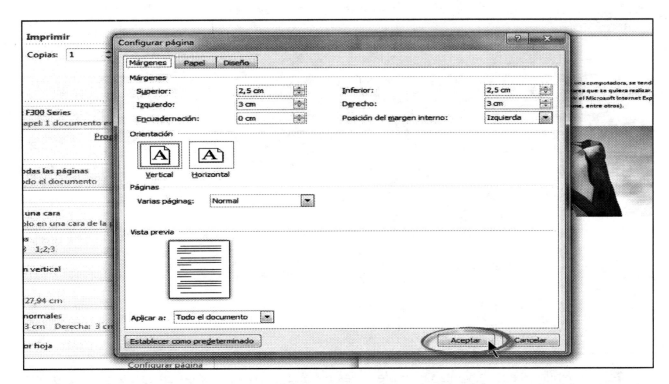

Fig. 7-23. Desde esta ventana, se podrán cambiar las medidas de los márgenes y elegir la orientación (vertical u horizontal), entre otras opciones. Si se hacen cambios, pulsar el botón **Aceptar** para finalizar.

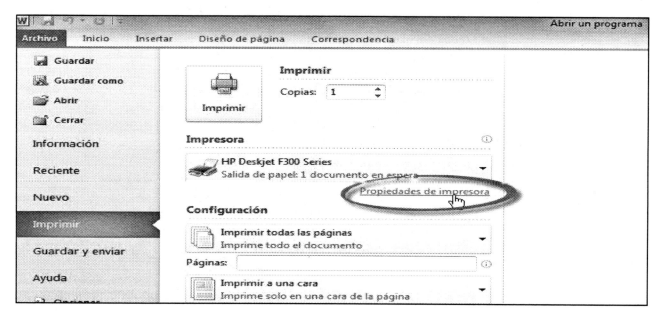

Fig. 7-24. A continuación, hacer clic en **Propiedades de impresora** para ajustar diferentes aspectos de la impresión.

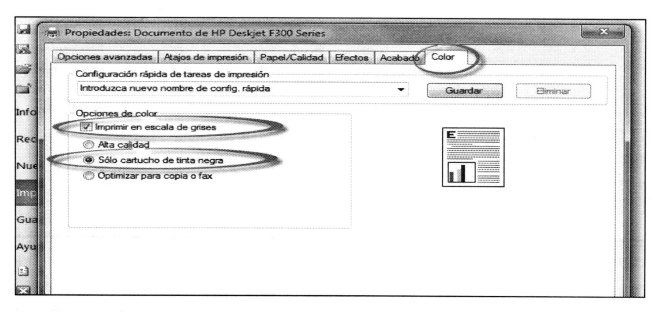

Fig. 7-25. Cuando se abra la ventana **Propiedades de impresora**, pulsar la solapa **Color**. Si se quiere imprimir en escala de grises, hacer clic en la casilla que habilita esta opción y también en **Sólo cartucho de tinta negra**. En cambio, si se quisiera imprimir en color se deberán deshabilitar esas opciones.

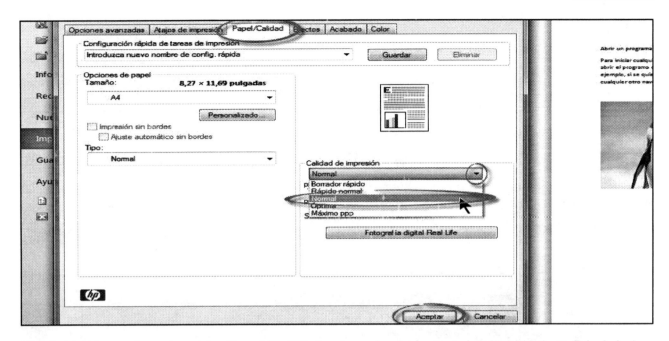

Fig. 7-26. Hacer clic en la solapa **Papel/Calidad** y después en el menú desplegable de **Calidad de impresión**. Y según el tipo de copia a obtener, seleccionar el grado de calidad. Finalmente, y si no se realizan más ajustes, pulsar el botón **Aceptar**.

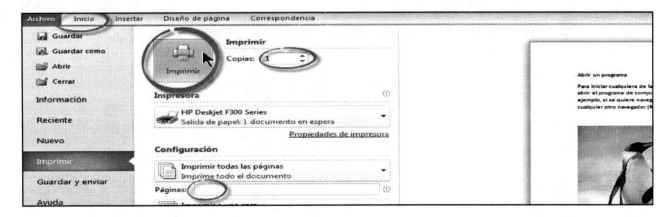

Fig. 7-27. Desde el menú **Copias**, se podrá seleccionar la cantidad de copias a imprimir de cada hoja y desde **Páginas** se establecerá si se quiere imprimir una página en particular. Para obtener otras opciones, pulsar el botón de arriba (el que en esta figura aparece con la opción **Imprimir todas las páginas**). Una vez que se ajustaron las preferencias anteriores, pulsar el botón **Imprimir** para que comience la impresión. Y si se quisiera volver a la hoja del documento para realizar algún cambio, pulsar el botón **Inicio**, ubicado en la barra superior.

■ Ayuda

Fig. 7-28. Para obtener ayuda sobre las funcionalidades de este software, se debe hacer clic en el botón **Ayuda Microsoft Word**, identificado con el signo **?** y ubicado en el ángulo superior derecho de la ventana del programa.

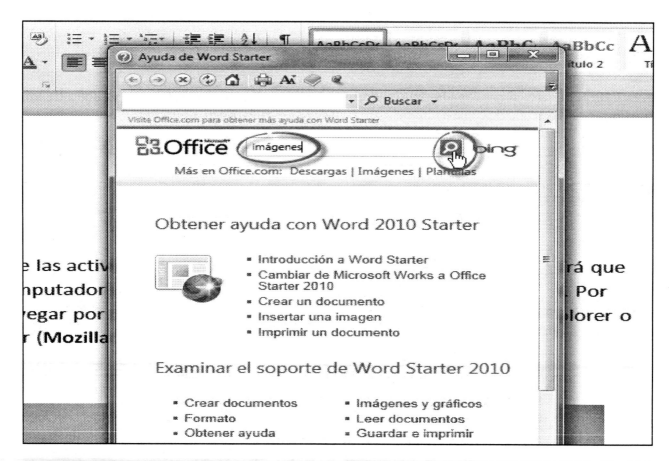

Fig. 7-29. Cuando aparezca la ventana de ayuda, se podrá hacer clic en algunos de los temas ofrecidos o también se podrá escribir la temática a buscar y después pulsar el botón identificado con una lupa.

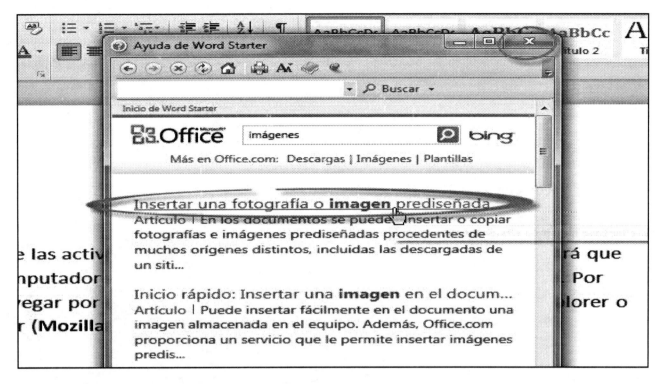

Fig. 7-30. Y después de haber solicitado la búsqueda, se muestran los resultados. Entonces, haciendo clic en el que más se ajuste a lo solicitado se obtendrán más detalles.

Capítulo 8

Planilla
de cálculo

Las planillas de cálculo, como la de Microsoft Excel, son utilizadas para automatizar tareas que involucran registros y operaciones matemáticas. A través de este tipo de software, se puede llevar desde una pequeña contabilidad personal, u hogareña, hasta la realización de trabajos profesionales que involucran operaciones científicas.

A continuación, se desarrollan los principios básicos de funcionamiento de este programa, que seguramente será de gran utilidad e impulsará a profundizar en su estudio y aplicación.

■ Ingresar datos

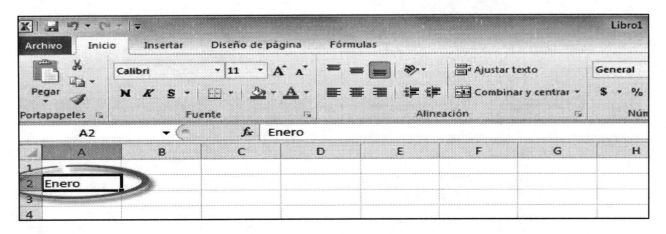

Fig. 8-1. Los datos (palabras, números y funciones) deben ingresarse dentro de una celda. En este ejemplo, se escribe la palabra Enero en la celda A2 de la Hoja 1.

■ Insertar funciones

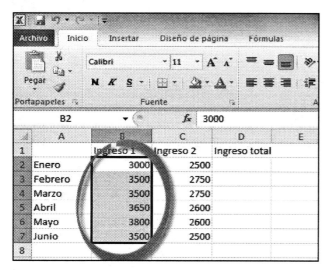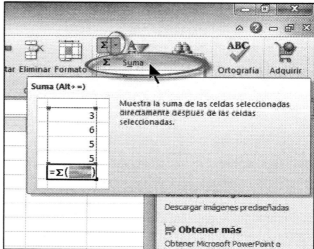

Fig. 8-2. Después de haber cargado una pequeña contabilidad personal, se procede a señalar (haciendo clic con el *mouse* en la primera celda y soltando el botón recién en la última) la columna que se quiere sumar. Después, se debe pulsar el menú desplegable de **Autosuma** y seleccionar la opción **Suma**.

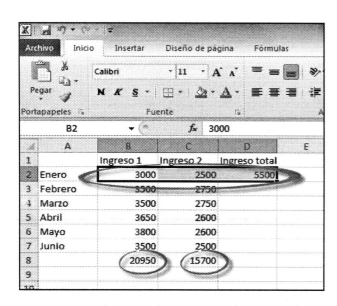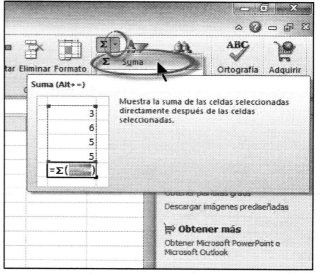

Fig. 8-3. Los datos de la primera columna ya fueron sumados. Y después se repite la operación del paso anterior para sumar los de la segunda columna numérica.

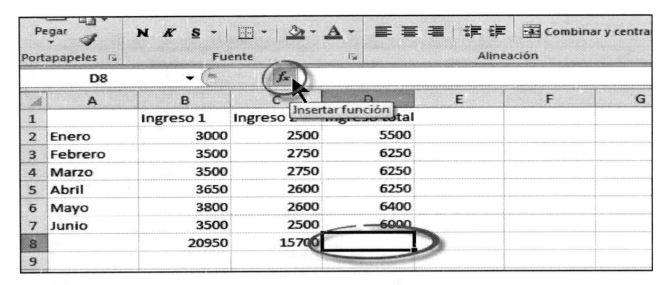

Fig. 8-4. Otra manera de realizar la función **Suma** es señalar la celda en la que debe aparecer el resultado y después pulsar el botón **fx (Insertar función)**.

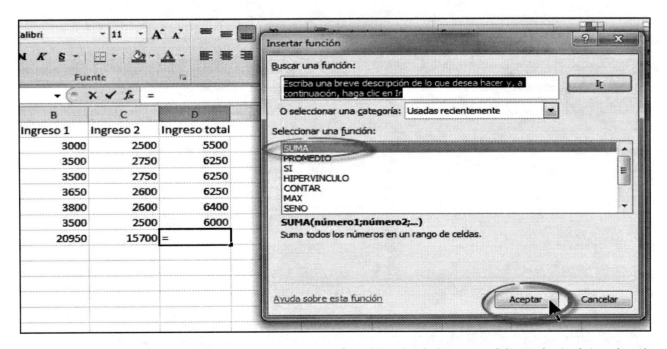

Fig. 8-5. A continuación, se abre la ventana **Insertar función**, desde la que se deberá elegir el tipo de cálculo que se quiere hacer. En este ejemplo, se seleccionó la función **Suma**. Al finalizar, hacer clic en **Aceptar**.

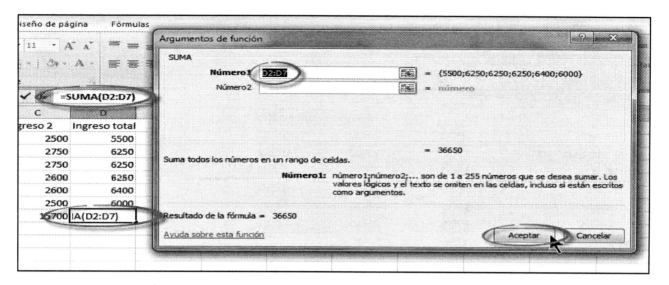

Fig. 8-6. La planilla de cálculo interpreta que se quieren sumar los datos de la columna D (que van desde D2 a D7) y lo muestra en diferentes sectores de la planilla. Como los datos están bien, se hace clic en el botón **Aceptar**.

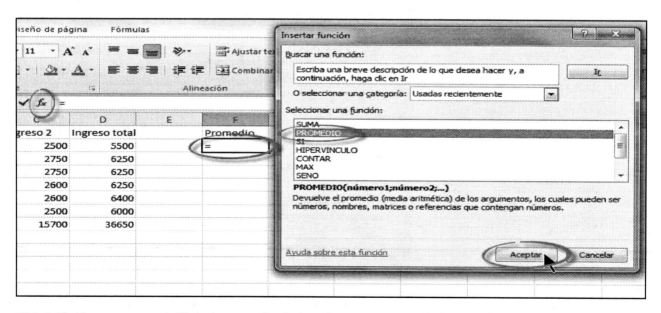

Fig. 8-7. Ahora se va a realizar el promedio de la columna ingreso total. Para esto, se debe seleccionar la celda en la que tiene que aparecer el resultado, después hacer clic en el botón **fx (Insertar función)**, ya visto en la **Figura 8-4**, y cuando se abre la ventana **Insertar función** hay que elegir la función **Promedio**. Finalmente, se debe pulsar el botón **Aceptar**.

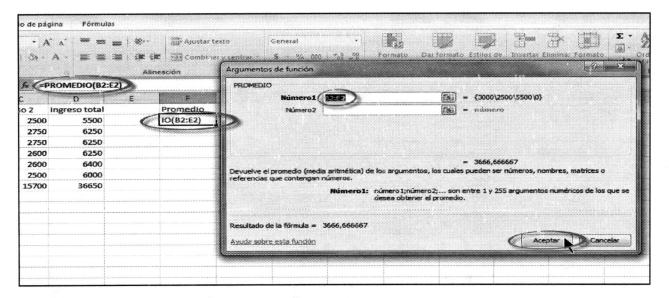

Fig. 8-8. Cuando se abre la pantalla **Argumentos de función**, se muestra el grupo de celdas que será tomado en cuenta para el promedio que se ha de calcular.

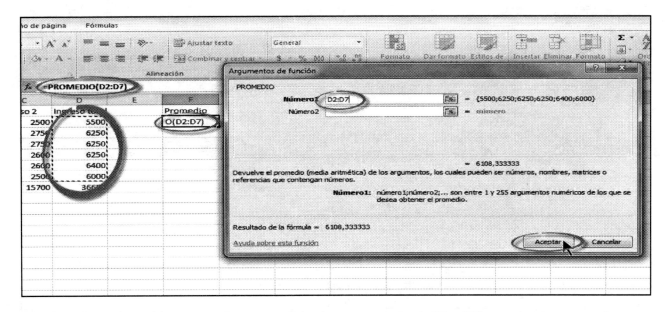

Fig. 8-9. Como las celdas no son las pretendidas (ya que van desde B2 a E2), se selecciona con el *mouse* (igual que cuando se realizó la **Suma**) el grupo de celdas para tener en cuenta. Ni bien se hace esto, los valores en la ventana de **Argumentos de función** cambiarán. Y como ahora son correctos, se hace clic en el botón **Aceptar**.

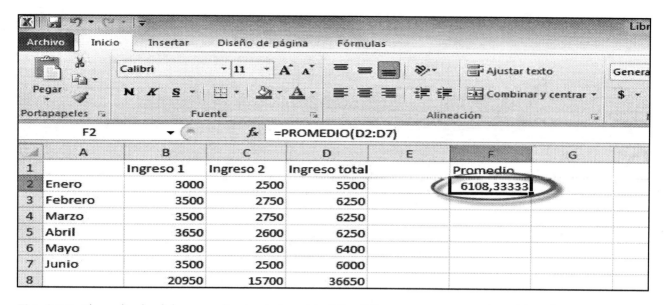

Fig. 8-10. El resultado del promedio desde la celda D2 a D7 ya se muestra en la celda seleccionada.

■ Ajustar columnas

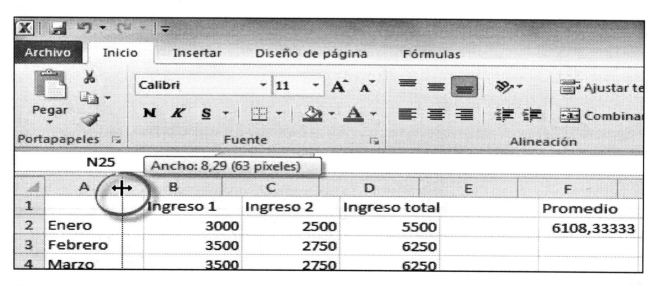

Fig. 8-11. Para ajustar el ancho de una columna, se debe posar el puntero del *mouse* en el borde de la columna que se quiere agrandar o achicar. Cuando aparezca una pequeña flecha con dos puntas, presionar el botón del *mouse* y, sin soltarlo, comenzar a mover la guía divisoria.

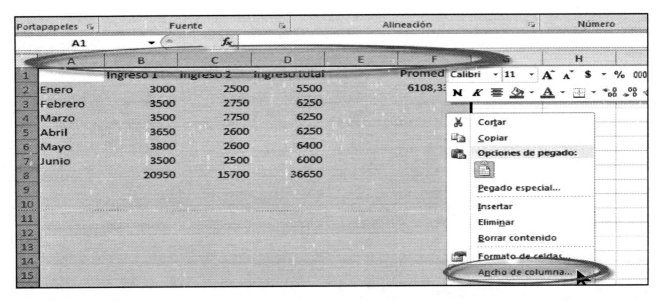

Fig. 8-12. En caso de querer ajustar el ancho de las columnas a la misma medida, se deben seleccionar todas las columnas (desde su borde superior), hacer clic con el botón derecho del *mouse* y, cuando aparece el menú desplegable, elegir la opción **Ancho de columna...**

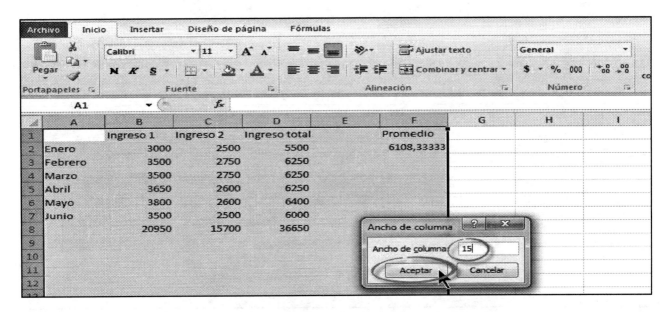

Fig. 8-13. Cuando aparece la ventana **Ancho de columna**, se tiene que consignar numéricamente la dimensión. En este ejemplo, se escribió 15 y después se pulsó el botón **Aceptar**. Y si el valor introducido no resulta satisfactorio, se puede repetir la operación.

A	B	C	D	E	F
	Ingreso 1	Ingreso 2	Ingreso total		Promedio
Enero	3000	2500	5500		6108,333333
Febrero	3500	2750	6250		
Marzo	3500	2750	6250		
Abril	3650	2600	6250		
Mayo	3800	2600	6400		

Fig. 8-14. Ahora las columnas aparecen más anchas.

■ Ajustar filas

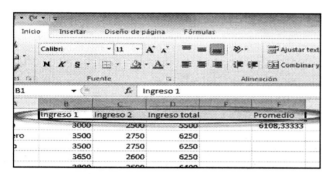
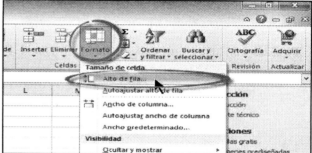

Fig. 8-15. Seleccionar las celdas para ajustar, hacer clic en el menú **Formato** y después en **Alto de fila**.

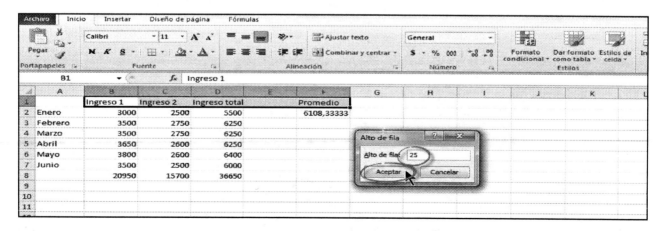

Fig. 8-16. Cuando aparece la pequeña ventana **Alto de fila**, introducir un valor mayor que el anterior para aumentar el tamaño y después pulsar el botón **Aceptar**.

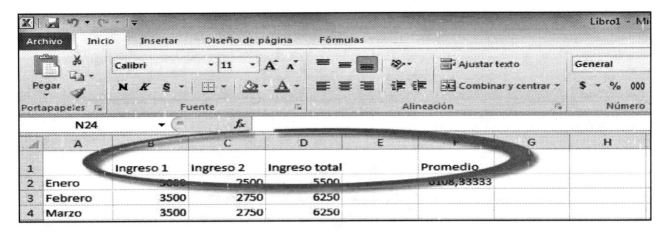

Fig. 8-17. La fila ahora aparece más alta. Otra forma de ajustar la fila es repitiendo el procedimiento que se utilizó para las columnas, visto en la **Figura 8-11**, pero en el eje vertical.

■ Estilos de celdas y de contenidos

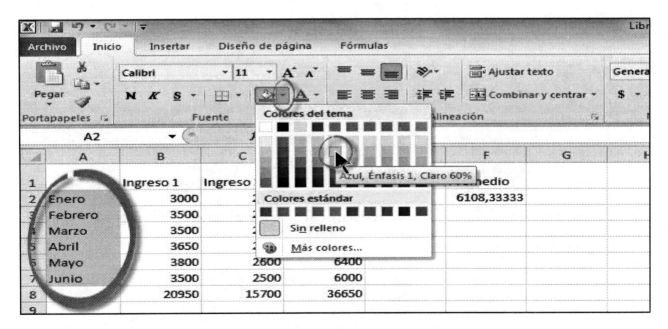

Fig. 8-18. Para rellenar una o más celdas con color de fondo, hay que seleccionar las celdas que se van a colorear, después hacer clic en el menú desplegable del botón **Color de relleno** y, cuando se abre la paleta, elegir un tono.

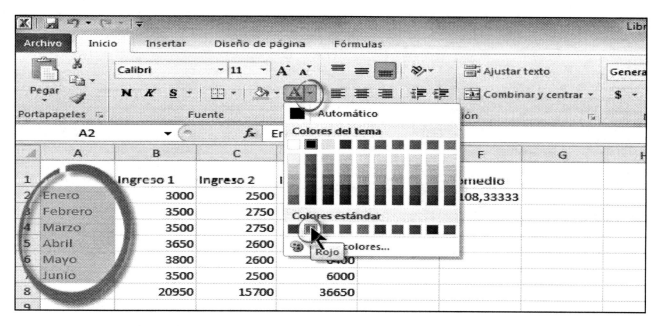

Fig. 8-19. Y para colorear los contenidos de las celdas, se debe repetir el paso anterior pero pulsando el menú desplegable del botón **Color de fuente**.

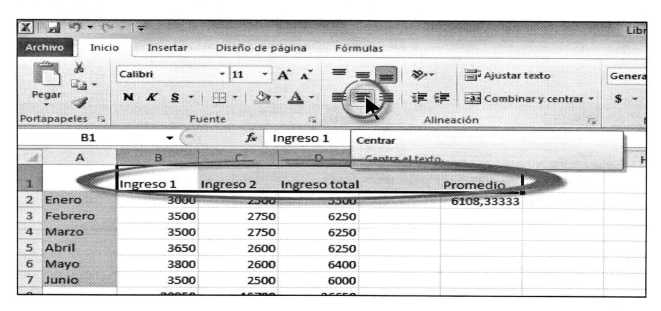

Fig. 8-20. Los contenidos de las celdas se pueden **alinear a la derecha, centrar** (que se muestra en esta figura) **o alinear a la izquierda**. Vale aclarar que antes de pulsar el botón correspondiente (en este ejemplo, el de **Centrar**), se deben señalar las celdas sobre las que se aplicará el cambio.

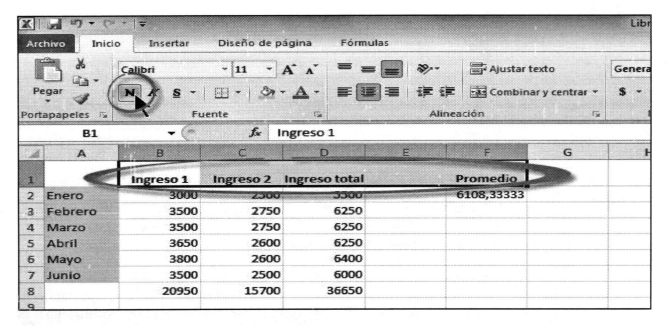

Fig. 8-21. A los contenidos también se le pueden aplicar los estilos **Negrita** (que se muestra en esta figura), **Cursiva** y **Subrayado**, en forma separada o bien combinados. También se deben marcar anteriormente las celdas sobre las que se realizarán los cambios.

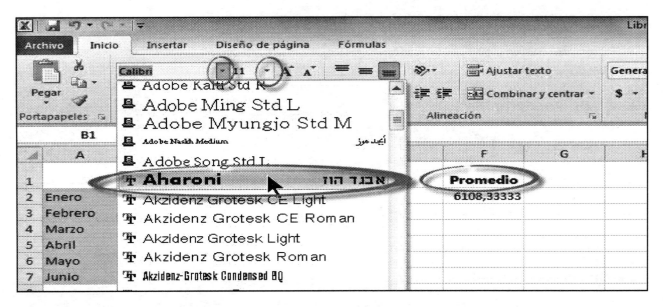

Fig. 8-22. Para cambiar la fuente y el tamaño del texto de una o más celdas seleccionadas, se debe usar el menú desplegable del botón **Fuente** y de **Tamaño de fuente**.

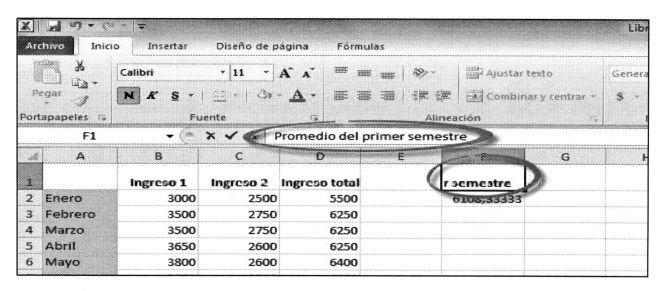

Fig. 8-23. En caso de querer agregar, quitar o cambiar texto de una celda, solo hay que hacer clic en su interior y modificar el contenido. Los cambios tambien se pueden hacer desde la **Barra de fórmulas**, ya que siempre refleja el contenido de la celda seleccionada.

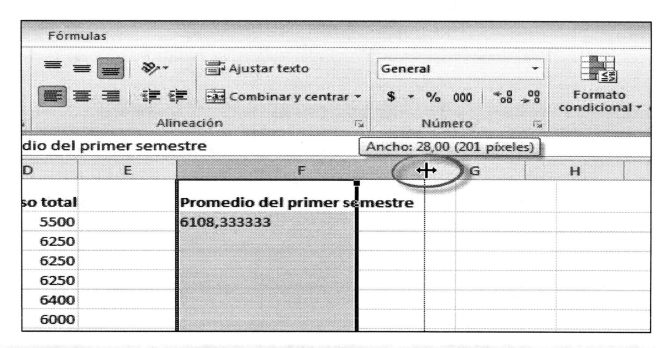

Fig. 8-24. Si el texto que se introdujo supera los límites de la celda, se tendrá que repetir la acción mostrada en la **Figura 8-11**.

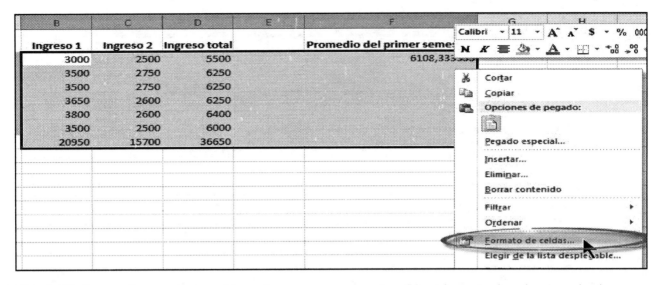

Fig. 8-25. Para aplicar varios cambios a la vez en una o más celdas, después de seleccionarlas hay que hacer clic con el botón derecho del *mouse* sobre ellas y, cuando se abre el menú desplegable, elegir **Formato de celdas...**

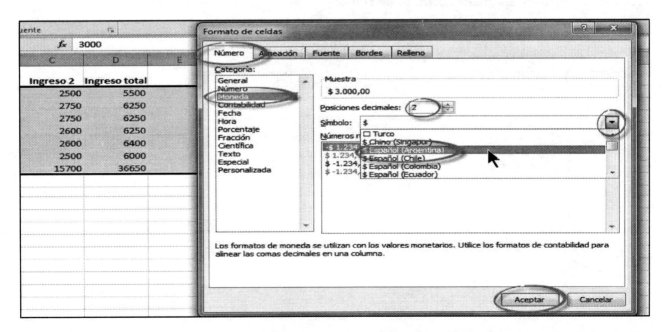

Fig. 8-26. Desde la solapa **Número**, de la ventana **Formato de celdas**, se puede seleccionar la **Categoría** del número (en este ejemplo, Moneda), los **Decimales** que puede llevar (en este ejemplo, 2) y el **Símbolo** monetario (en este ejemplo, $ español Argentina). Al finalizar, pulsar el botón **Aceptar**.

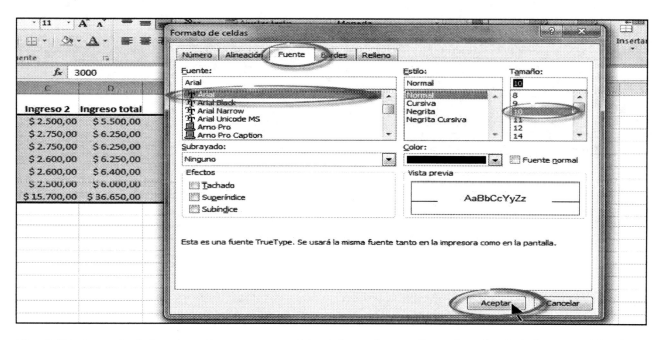

Fig. 8-27. A través de la solapa **Fuente**, se cambia el **tipo**, el **tamaño** y el **estilo** de la fuente. Al finalizar, todos los cambios en la ventana **Formato de celdas**, no hay que olvidarse de hacer clic en **Aceptar**.

■ Insertar y eliminar celdas

Fig. 8-28. Para insertar una fila de celdas, entre otras dos filas, hay que seleccionar una de las filas (en este ejemplo, la de los totales) y hacer clic con el botón derecho del *mouse* sobre ella. Y cuando se abre el menú desplegable, seleccionar la opción **Insertar**.

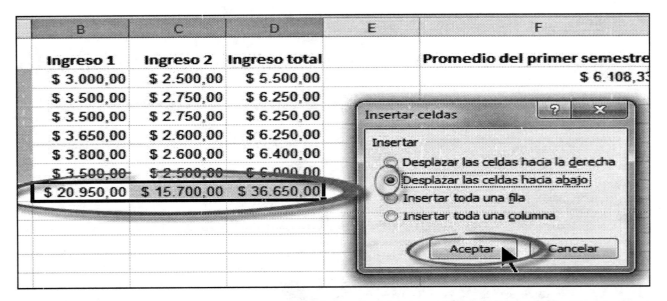

Fig. 8-29. Cuando aparece la ventana **Insertar celdas**, se debe especificar la forma en la que se realizará la inserción. En este ejemplo, se eligió que las celdas seleccionadas se desplacen hacia abajo para dar lugar a las nuevas celdas.

◢	A	B	C	D		F
1		Ingreso 1	Ingreso 2	Ingreso to	✂ Cortar	del pri
2	Enero	$ 3.000,00	$ 2.500,00	$ 5.500,	▤ Copiar	
3	Febrero	$ 3.500,00	$ 2.750,00	$ 6.250,	▤ Opciones de pegado:	
4	Marzo	$ 3.500,00	$ 2.750,00	$ 6.250,	[A]	
5	Abril	$ 3.650,00	$ 2.600,00	$ 6.250,	Pegado especial...	
6	Mayo	$ 3.800,00	$ 2.600,00	$ 6.400,	Insertar	
7	Junio	$ 3.500,00	$ 2.500,00	$ 6.000	Eliminar	
8		$ 20.950,00	$ 15.700,00	$ 36.650,	Borrar contenido	
9					▦ Formato de celdas...	
10					Ancho de columna...	
11					Ocultar	
12					Mostrar	
13						

Fig. 8-30. Para borrar una fila o columna de celdas, se debe hacer clic sobre el comienzo de las mismas, después hay que hacer clic con el botón derecho del *mouse* sobre la selección y, finalmente, elegir la opción **Eliminar**.

■ Gráficos

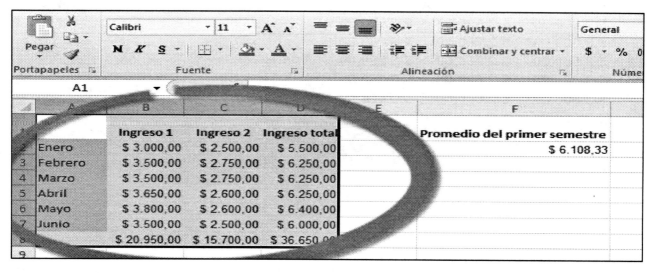

Fig. 8-31. Seleccionar el grupo de celdas que se quieren graficar.

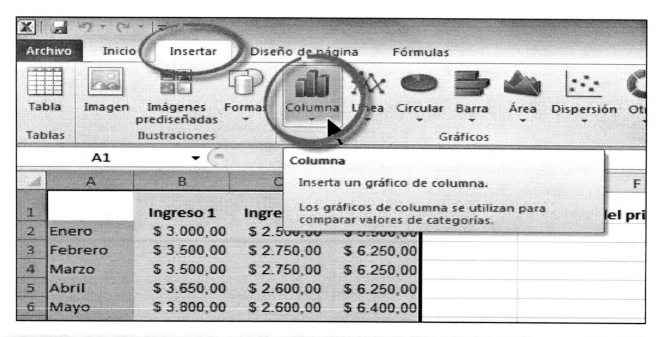

Fig. 8-32. A continuación, seleccionar la solapa **Insertar** y después elegir algunas de las opciones de gráfico. En este ejemplo, se eligió la opción **Columna**.

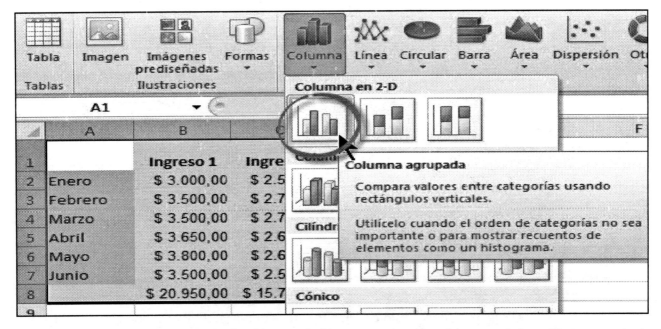

Fig. 8-33. Después de haber pulsado el botón **Columna**, se desplegará un menú de gráficos para elegir el más adecuado. En este ejemplo, se seleccionó **Columna agrupada**.

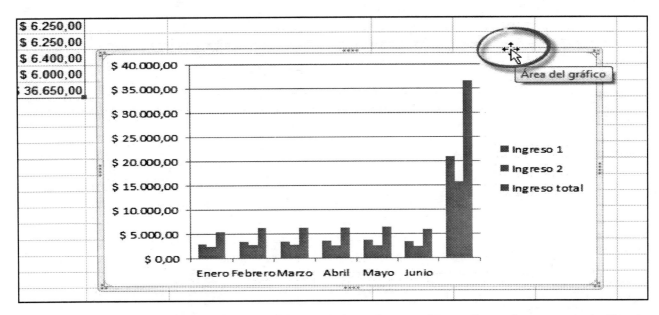

Fig. 8-34. Para cambiar la ubicación del gráfico en la hoja, hay que hacer clic en alguna parte de él y, sin dejar de presionar el botón del *mouse*, llevarlo hasta el lugar pretendido.

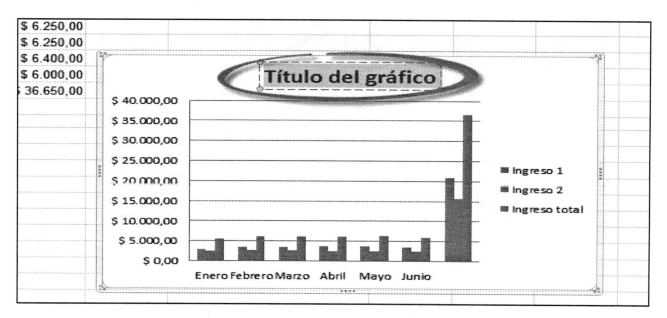

Fig. 8-35. Haciendo clic en el campo **Título del gráfico**, se le puede escribir otro nombre.

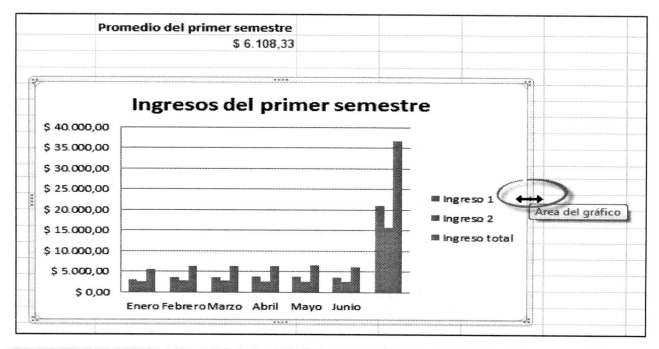

Fig. 8-36. Haciendo clic en los lados o en las esquinas del gráfico y, sin soltar el botón derecho del *mouse*, se puede tirar desde ellos para cambiar la dimensión de la figura.

■ Imprimir

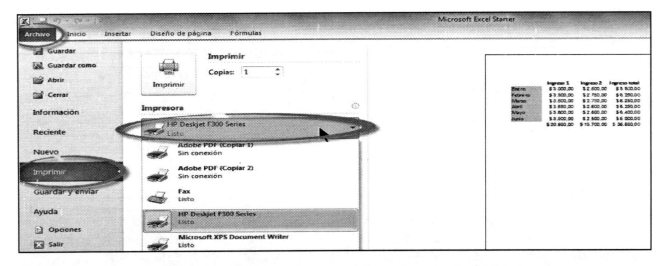

Fig. 8-37. Hacer clic en la solapa **Archivo** y después en la opción **Imprimir**. Si la impresora que se va a utilizar no se encuentra seleccionada, hacer clic en su menú desplegable y elegir la correcta. En el costado derecho de la pantalla, se podrá ver una vista previa del documento que se va a imprimir.

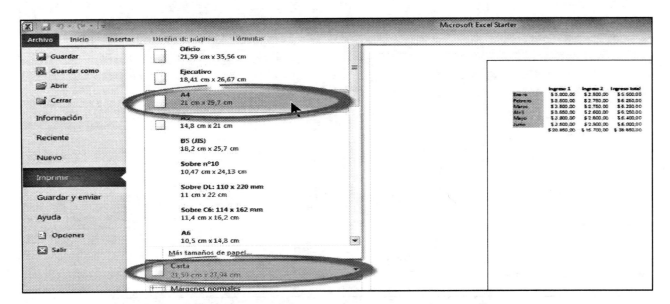

Fig. 8-38. Desde el menú de papel, se puede seleccionar el papel, en el que se va a imprimir. En este ejemplo, estaba seleccionado papel **Carta** y se cambió por **A4**.

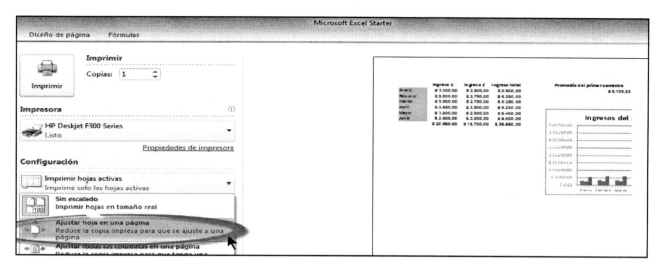

Fig. 8-39. Si en la vista previa de impresión deja afuera alguna parte de los datos o de los gráficos, se podrá hacer una reducción para que se pueda ver todo. Si se opta por esto, se deberá pulsar en la opción **Sin escalado** y, cuando se abra el menú desplegable, elegir **Ajustar hoja en una página**.

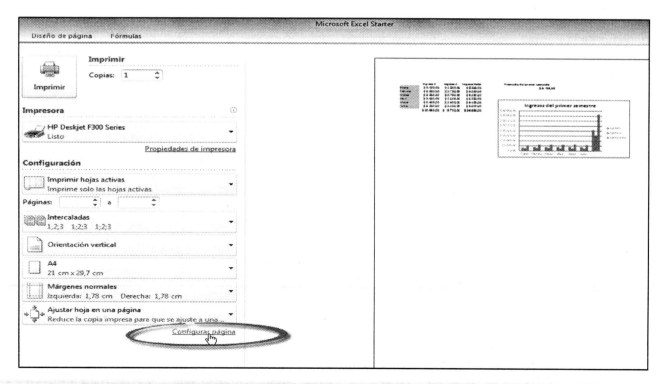

Fig. 8-40. Después del ajuste del paso anterior, la vista previa mostrará la hoja completa. Entonces, y para continuar con la preparación de la impresión, pulsar en la opción **Configurar página**.

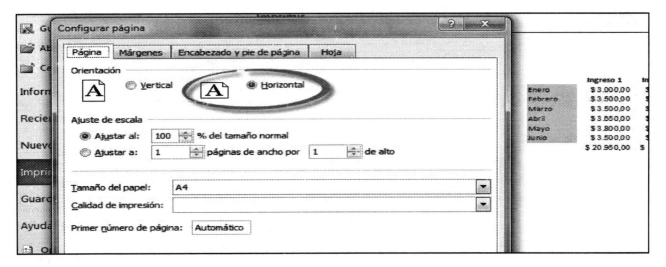

Fig. 8-41. En la solapa **Página** de la ventana **Configurar página**, se podrá cambiar la orientación de la hoja (en este ejemplo, horizontal) para que se pueda ver la información completa de una hoja.

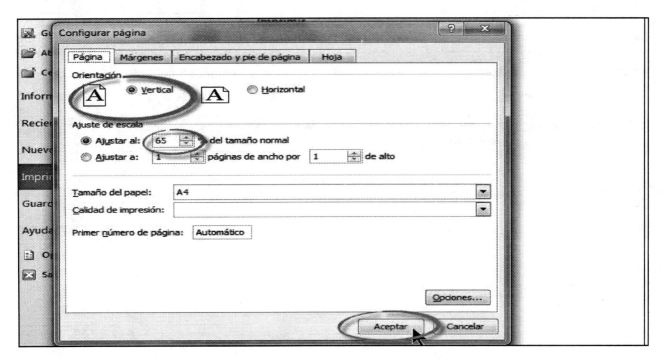

Fig. 8-42. O se podrá optar por la orientación vertical combinada con la funcionalidad proporcionada en **Ajuste de escala**, en la que se deberá consignar el porcentaje de reducción apropiado. Después de los cambios realizados en este paso y en el anterior, no olvidarse de pulsar el botón **Aceptar**.

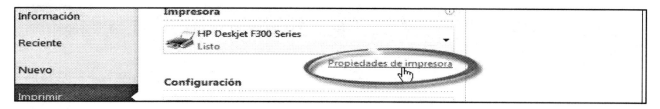

Fig. 8-43. Para continuar con la configuración, se deberá hacer clic en **Propiedades de impresora**.

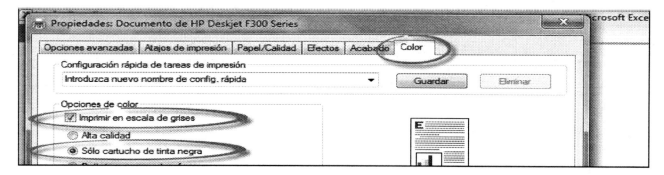

Fig. 8-44. Cuando se abra la ventana **Propiedades de impresora**, pulsar la solapa **Color**. Si se quiere imprimir en escala de grises, hacer clic en la casilla que habilita esta opción y también en **Sólo cartucho de tinta negra**. En cambio, si se quisiera imprimir en color se deberán deshabilitar esas opciones.

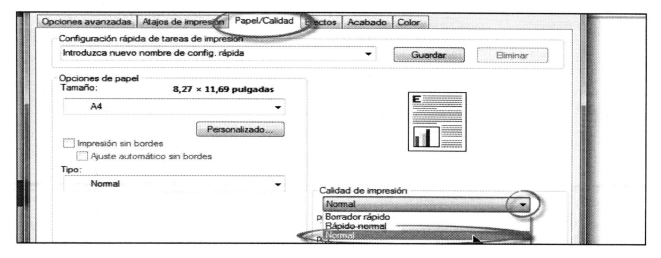

Fig. 8-45. Hacer clic en la solapa **Papel/Calidad** y después en el menú desplegable de **Calidad de impresión**. Y según el tipo de copia a obtener, seleccionar el grado de calidad. Finalmente, y si no se realizan más ajustes, pulsar el botón **Aceptar**, ubicado en la parte inferior de esta ventana.

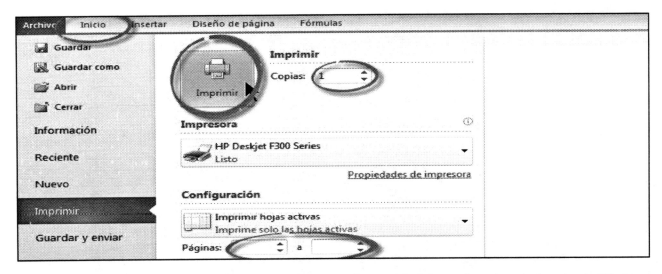

Fig. 8-46. Desde el menú **Copias**, se podrá seleccionar la cantidad de copias a imprimir y desde **Páginas** se establecerá si se quiere imprimir una página en particular. Para obtener otras opciones, pulsar el botón de arriba (el que en esta figura aparece con la opción **Imprimir hojas activas**). Una vez que se ajustaron las preferencias anteriores, pulsar el botón **Imprimir** para que comience la impresión. Y si se quisiera volver a la hoja del documento para realizar algún cambio, pulsar el botón **Inicio**, ubicado en la barra superior de esta página.

■ Ayuda

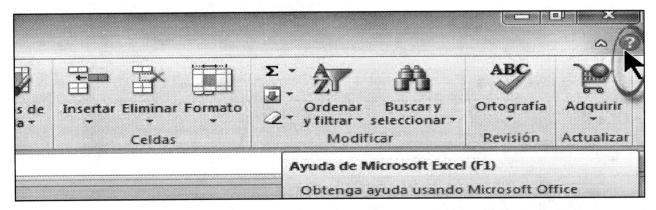

Fig. 8-47. Para obtener ayuda sobre el funcionamiento de este software, se deberá pulsar el botón **Ayuda de Microsoft Excel**, que está identificado con el signo **?** y se encuentra en el ángulo superior derecho de la ventana.

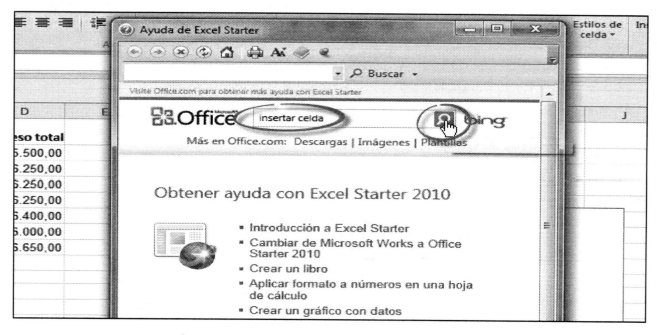

Fig. 8-48. Hacer clic en algunos de los temas propuestos en esta ayuda o escribir la temática en el cuadro de ingreso de texto y después, pulsar el botón identificado con una lupa.

Fig. 8-49. Ni bien se muestren los resultados de la búsqueda, hacer clic en el que más se aproxime a lo solicitado.

Capítulo 9

Consejos
de seguridad

Ya se sabe que los programas y los servicios en línea ofrecen una cantidad de posibilidades ilimitadas y extraordinarias para el trabajo, la vida social y la recreación. Pero, lamentablemente, también proporcionan mayores alternativas a los inescrupulosos y amigos de lo ajeno.

Para gozar de los beneficios y evitar las amenazas, basta protegerse convenientemente, ya sea a través de herramientas informáticas especializadas como así también de precauciones que eviten engaños.

A continuación, se describen una serie de consejos que serán de gran ayuda para mantenerse a alejado de los peligros. También se ofrecen direcciones de sitios Web, de empresas especializadas en seguridad informática, en los cuales podrán encontrarse mayor información y herramientas específicas para la protección.

■ Recomendaciones

1 - Más allá de nutrir a la computadora de todos los programas que se consideren necesarios para trabajar, socializar y divertirse, es **estrictamente necesaria la instalación de un software antivirus y de un *antispyware*** (que neutraliza la acción de software apropiadores de datos como claves de acceso, números de tarjetas de crédito y de cuentas bancarias, entre otros). También **se debe habilitar el Firewall de Windows** para impedir el ingreso de intrusos a la computadora vía Internet. De no saber como conseguir, instalar y utilizar estos programas es conveniente pedir asesoramiento.

2 - **Nunca hacer clic en enlaces que llegan a través de mensajes de correos electrónicos, de mensajería instantánea o por cualquier otro medio, que provengan de gente o instituciones**

que no se conocen. Pueden redireccionar hacia páginas que contengan códigos maliciosos que se activan con solo visitar el sitio Web enlazado. Y **si el mensaje fue enviado por alguien conocido pero igualmente resulta dudoso, verificarlo con el remitente antes de hacer clic en el enlace.**

3 - No descargar ni visualizar archivos adjuntos que provengan de gente o empresas a los cuales no se les pidió que enviaran lo que supuestamente contiene el *mail*. Y analizar con software antivirus los que lleguen de contactos conocidos.

4 - No descargar programas o archivos de sitios o sistemas poco conocidos. En estos programas y archivos, pueden esconderse códigos maliciosos que pueden causar daños en la computadora, sustraer información de ella o bien utilizarla para fines inescrupulosos.

5 - Tratar de no hacer clic en los *pop-up* (ventanas que se abren automáticamente al ingresar a un sitio), sobre todo cuando se accede a un sitio poco conocido.

6 - Evitar el pánico que intentan causar algunos *mails* **que anuncian cierres de cuentas y actualización urgente de las mismas a través de un enlace. Tampoco dejarse tentar por promesas de trabajo o dinero ni por la obtención gratuita de cosas que generalmente se obtienen a través de un pago.** Este tipo de mensajes buscan asustar o sacar ventaja de la curiosidad de los usuarios, para finalmente engañarlos y hasta provocarles algún daño.

7 - No responder mensajes de correo electrónico no solicitados (también llamado *spam*). Directamente, hay que borrarlos, ya que si se los contesta se dará un indicio de que la cuenta está activa. También es recomendable usar y/o configurar un filtro *antispam* que viene provisto en muchos sistemas de correo electrónico.

8 - No es conveniente utilizar claves de acceso muy obvias (fecha de cumpleaños o de nacimiento, segundo nombre o segundo apellido, nombre de los hijos). Se recomienda usar claves compuestas de letras y números que tengan ocho caracteres como mínimo.

9 - Tener cuidado con los datos personales que se publican en sitios, sistemas y redes sociales, ya que pueden ser vistos por gente que puede sacar un mal provecho de ellos.

10 - Si se cuenta con una instalación de acceso a Internet en forma inalámbrica (Wi-Fi), se recomienda configurarla con la máxima protección.

11 - Para resguardar a los niños de contenidos y de personas inconvenientes, es prudente utilizar un software o sistema de control parental (por ejemplo, el que ofrece gratuitamente desde http://explore.live.com/windows-live-family-safety). **Si es posible, tratar de navegar con los niños cuando buscan información o juegos en línea, recomendarles que no establezcan contacto con gente desconocida y que no divulguen información sobre ellos y sus familiares o amigos.**

12 - Las entidades bancarias y de tarjetas de crédito nunca mandan un *mail* para pedir que se modifiquen datos personales y menos un enlace que redirija hacia la página en la que debe hacerse el cambio. De recibir un *e-mail* así, **no hay que hacer clic sobre el enlace y, menos aún, ingresar el nombre de usuario y la clave de acceso**. Ante la mínima duda, es conveniente llamar (a los números telefónicos de costumbre y que ya se tienen agendados) a la entidad que supuestamente mandó el *mail* para verificar el mensaje recibido.

13 - Intentar no transmitir vía *e-mail*, mensajería instantánea o cualquier otro medio en línea, números de cuentas bancarias, de tarjetas de crédito o de identificación personal.

14 - Cuando se realicen compras y transacciones por Internet, es conveniente que se lo haga a través de sitios reconocidos que cuenten con sistemas de seguridad que verifiquen la autenticidad del sitio.

 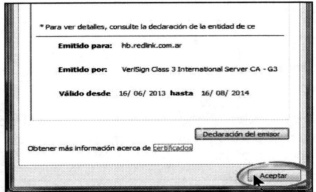

Fig. 9-1. Al utilizar servicios bancarios o de comercio electrónico, en el momento de realizar una transacción, en la barra de direcciones del navegador hay que verificar que la sigla que antecede a una dirección de Internet, que siempre es http (*hypertext transfer protocol*) se transforme en https (*hypertext transfer protocol secure*) que ofrece mayor seguridad. Por otra parte, en la barra de direcciones, debe aparecer un botón identificado con un candado que, al hacer clic sobre él ofrece ver el certificado de seguridad del sitio. Inmediatamente, se abrirá una ventana que mostrará detalles de ese certificado. Pulsar el botón **Aceptar** después de verlo.

■ Sitios recomendados

En los siguientes sitios Web, correspondientes a empresas especializadas en seguridad informática, se pueden encontrar contenidos y elementos de gran ayuda para resguardar la información personal, familiar y empresaria cuando se utiliza una computadora conectada a Internet. Se recomienda visitarlos y leer sus consejos.

Avast!:   http://www.avast.com/index_esp.html

AVG: http://free.avg.com/ww-es/homepage

Eset: http://www.eset.es/

Kaspersky: http://latam.kaspersky.com/

McAfee: http://www.mcafee.com/mx/

Microsoft Security Essentials: http://www.microsoft.com/security_essentials/

Panda Security: http://www.pandasecurity.com/spain/

Symantec: http://www.symantec.com/es/mx

Trend Micro: http://la.trendmicro.com/la/home/

Por otra parte, también se recomienda visitar **El blog de Claudio Veloso**, que se encuentra en la dirección **http://blog.claudioveloso.com.ar**. Allí se podrán encontrar una gran cantidad de contenidos que pone la tecnología al alcance de todos.

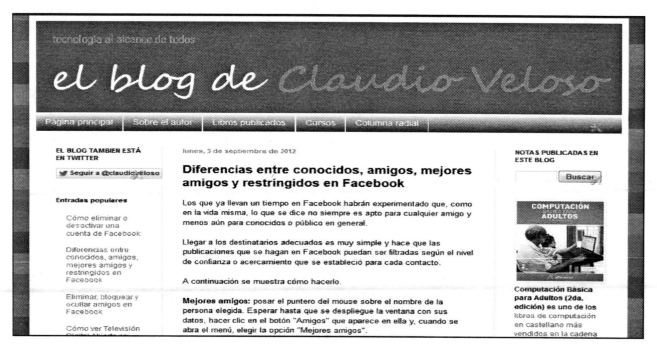

Esta edición se terminó de imprimir en **enero** *de* **2015.** *Publicada por*
ALFAOMEGA GRUPO EDITOR, S.A. de C.V. *Pitagoras No. 1139*
Col. Del Valle, Benito Juárez, C.P. 03311, México, D.F.
La impresión y encuadernación se realizó en
CARGRAPHICS, S.A. de C.V. *Calle Aztecas No.27*
Col. Santa Cruz Acatlán, Naucalpan, Estado de México, C.P. 53150. México